Eckart zur Nieden

11-Minuten-Geschichten

Impressum

zur Nieden, Eckart
11-Minuten-Geschichten

ISBN 978-3-89436-698-8

4. Auflage 2014

Illustrationen: Susanne Malessa
Umschlaggestaltung: www.provinzglueck.com
Druck: GGP Media GmbH, Pößneck

Printed in Germany

Eckart zur Nieden

11-Minuten-Geschichten

Inhalt

Engel

»Was soll denn das bedeuten?«, fragt Tom seinen kleinen Bruder Julian.

»Das sind Engel.«

Tom lacht. »Und warum stellst du die alle an deinem Bett entlang auf?«

»Die sollen mich behüten!«, antwortet Julian. »Mama betet doch immer diesen Vers: ›Stell die güldnen Waffen ums Bett und deiner Engel Schar.‹ Gestern hat sie es mir erklärt. Die Schar von Engeln soll ums Bett herum stehen und mich mit goldenen Waffen beschützen.«

»Du spinnst, Julian! Da sind richtige Engel gemeint, die man nicht sehen kann. Aber deine sind winzig klein und aus Papier!«

»Macht doch nichts!«

Oh, diese Kleinen!, denkt Tom. War ich wohl auch so dämlich, als ich klein war?

Julian schwätzt fröhlich vor sich hin. »Mama hatte so Einwickelpapier.«

»Geschenkpapier.«

»Ja, mit lauter Engeln drauf. Die hab ich alle ausgeschnitten. Mama hat mir geholfen. Und dann haben wir unten so'n Ding drangeklebt, dass sie stehen.«

»Dass sie stehen und dich beschützen können, wie? Du hast sie wirklich nicht alle beisammen! Glaubst du, die Papierengel verteidigen dich, wenn Gefahr kommt? So was Blödes!«

»Ich bin nicht blöd!«

»Klar bist du blöd! Du kannst ja noch nicht mal zählen, wie viele es sind, und da willst du ...«

»Es sind vierzehn!«, triumphiert Julian. »Außerdem – du hast doch auch Figuren vor dem Bett stehen!«

Tom stöhnt. »Das ist doch was völlig anderes! Ritter sind das und Indianer. Mit denen spiele ich.«

»Na, meinst du etwa, Ritter und Indianer sind besser als Engel?«

Tom stöhnt noch mehr. »Ich geb's auf. Mit dir kann man ja nicht diskutieren. Du bist einfach zu klein.«

Julian rennt aus dem Zimmer. »Mama!«, ruft er durch den ganzen Flur.

Mamas Stimme ist kaum zu verstehen. »Ich bin im Keller. Du sollst dich doch ausziehen und ins Bett gehen, Julian! Ich komme gleich!«

Julian trottet langsam ins Kinderzimmer zurück und beginnt sich auszuziehen, ohne seinen Bruder auch nur anzugucken. Bis die Mutter kommt, vergeht noch einige Zeit. Tom spielt solange mit seinen Figuren auf dem Teppich: in gestrecktem Galopp reiten drei Ritter mit gesenkter Lanze mutig auf eine viel größere Gruppe von Indianern zu. Als die den Angriff bemerken, stürzen sie sich mit ohrenbetäubendem Kriegsgeschrei auf die Männer in ihren Eisenrüstungen. Es gibt eine wüste Schlacht. Noch ist nicht klar, wer gewinnt, da kommt Mama herein.

»Tom, du solltest dich auch ausziehen und nicht mit deinen Figuren spielen!«

»Ja«, mault der und räumt die tapferen Krieger in einen Plastikkorb.

»Mama, Tom hat gesagt, ich wäre blöd, weil ich die Engel vor mein Bett gestellt habe«, beklagt sich Julian.

»Gar nicht!«, ruft Tom. »Er kann so viele Engel hinstellen, wie er will. Ich hab nur gesagt, die beschützen ihn nicht, weil sie aus Papier sind.«

»Du hast doch gesagt, Mama, Gott stellt Engel um unser Bett, stimmt's?«

Die Mutter setzt sich auf Julians Bett und hilft ihm, sein Hemd aufzuknöpfen. »Das hab ich gesagt, ja. Aber das sind natürlich keine Engel aus Papier. Da hat Tom schon Recht.«

Julian schmollt. »Aber Tom hat auch Figuren vor dem Bett.«

»Die sollen ihn aber nicht beschützen«, meint Mama. »Obwohl ich glaube, richtige Engel sind eher so etwas wie Krieger. Sehr stark sind sie auf jeden Fall.«

»Meine Engel sind auch stark.« Julians Satz ist kaum zu hören, weil seine Mutter ihm gerade das Unterhemd über den Kopf zieht.

»Gut, Julian, spiel du mit deinen Engeln wie Tom mit seinen Indianern. Und wenn ihr euch gleich die Zähne geputzt habt und im Bett seid, dann komme ich nochmal. Dann bitten wir Gott, dass er seine richtigen, unsichtbaren, starken Engel schickt und um eure Betten stellt.«

Tom ist fertig mit Umziehen. »Meinst du wirklich, Mama, dass die Engel so starke Helden sind?«

»Na klar!«

»Dann ist es ja gar nicht nötig, dass Gott eine ganze Schar von Engeln schickt. Dann reicht einer.«

»Gut«, sagt die Mutter, »dann bitten wir nur um einen.« Sie steht auf.

»Vorsichtig, Mama!« warnt Julian. »Tritt nicht auf meine Engel!«

Tom träumt dann von einer wilden Indianerschlacht. Eine Übermacht von wüsten Komantschen kämpft gegen ein verlorenes Häufchen von tapferen Apatschen. Mit letzter Kraft können sich die Apatschen in eine enge Schlucht flüchten, wo die Feinde nicht an sie herankommen. Aber sie können auch nicht hinaus. Was sollen sie tun? Der Häuptling befiehlt, ein Feuer zu machen und Rauchzeichen zu geben, damit ihre Freunde, die Ritter, kommen und sie heraushauen. Die Schlucht ist aber sehr tief, so dass der Rauch gar nicht bis nach oben steigt. »Mehr Rauch!«, befiehlt der Häuptling. Die Apatschen legen viel nasses Holz auf das Feuer, bis der Qualm die ganze Schlucht erfüllt. Er steigt Tom in die Nase, und er wacht auf.

Was ist das? Das war ja nicht nur ein Traum! Da ist ja wirklich Rauch im Zimmer!

»Mama! Papa!« Mit lautem Schreien springt Tom aus dem Bett. Er stößt mit dem nackten Fuß im Dunkeln ans Tischbein, aber er merkt es gar nicht. Im Nu hat er das Licht angemacht und ist an der Schlafzimmertür der Eltern.

»Es brennt! Da ist überall Rauch! Schnell!«

Schon steht Papa im Schlafanzug vor ihm, schiebt ihn zur Seite und stürzt ins Kinderzimmer. Erst holt er den kleinen Julian heraus, der noch gar nicht begreift, was geschieht. Dann sieht er sich um. Auf dem Schreibtisch ist Papier verbrannt.

Die Schreibtischunterlage aus Kunststoff schwelt stinkend. Aus Toms Kassettenrekorder fliegen immer wieder helle Funken.

»Aha!«, ruft Papa. Er zieht den Stecker aus der Wand.

»Ein Kurzschluss.«

Mama hat inzwischen einen Eimer unter den Wasserhahn im Bad gestellt. Aber Wasser ist nicht mehr nötig. Papa schlägt das restliche Feuer mit einem von Toms Schuhen aus, der vor dem Bett gestanden hat.

»Es hat nicht viel gefehlt, dann hätte das Feuer die Gardine erreicht«, sagt Papa. Seine Hände zittern ein bisschen. Erst jetzt merkt er, wie aufgeregt er ist.

Beide Jungen fangen an zu weinen. Mama kniet sich zu ihnen und drückt sie an sich.

»Ihr müsst nicht weinen! Es ist ja noch mal alles gut gegangen.« Tom hört auch bald auf, aber Julian schluchzt noch weiter.

»Wie kam denn das, Tom, dass du den Rauch bemerkt hast?«, fragt Papa, während er das Fenster öffnet.

»Ich hab geträumt und bin davon aufgewacht.«

»Gut, dass du aufgewacht bist! Stellt euch vor, wenn das ganze Zimmer schon in Flammen gestanden hätte, bevor ihr es überhaupt gemerkt hättet!«

Julian schnieft laut: »Der Engel!«

»Was?« fragt Papa.

»Na, der Engel hat Tom geweckt! Wir haben doch gebetet, dass Gott ihn schickt. Er hat auf uns aufgepasst.«

Mama drückt Julian wortlos an sich. Sie hat ein

bisschen feuchte Augen. Vielleicht ist ja der Rauch daran schuld.

»Da hast du sicher Recht, Julian«, sagt Papa. »Ein Engel war's.«

Eine Weile sagt niemand etwas. Dann mahnt Papa: »Es wird kalt hier. Wir müssen den Rauch und den Gestank erst abziehen lassen. Kommt solange mit in unsere Betten.«

»O ja!«, freut sich Julian. Aber weil er sich erst aus Mamas Umarmung lösen muss, ist Tom als Erster im Schlafzimmer der Eltern und landet mit einem großen Sprung in den Betten.

»Ich bringe die stinkende Schreibtischunterlage gerade in den Mülleimer«, sagt Papa. »Mama erzählt euch inzwischen eine Geschichte, damit ihr auf andere Gedanken kommt.«

Die drei kuscheln sich unter die Bettdecke.

»Mama?«, fragt Tom. »Kennst du eine Geschichte von Engeln? Von ganz starken?«

»Hm«, überlegt Mama, »kennt ihr die von dem Engel, der stärker war als mehrere Löwen?«

»Als mehrere Löwen?«

»So stark, dass er ihnen den Rachen zuhalten konnte, bis Daniel ... Aber ich fange am besten von vorne an.«

Das tut sie dann auch. Als sie fertig ist, liegt Papa

inzwischen auch im Bett und schickt die beiden wieder in ihr eigenes Zimmer.

»Ach Papa!«, ruft Julian, als er in der Kinderzimmertür steht. »Jetzt hast du auf meine Engel getreten! Guck doch! Die meisten sind kaputt!«

»Ich steh' jetzt nicht noch mal auf, Julian. Aber es tut mir wirklich leid. Das kam wegen der Eile, da hab ich gar nicht drauf geachtet.«

»Na ja, macht nichts!«, ruft Julian herüber. »Wenn wir jetzt einen richtigen Engel haben, brauche ich die aus Papier ja nicht mehr!«

»Richtige« Kinder

Langsam trottet Marie von der Schule nach Hause. Auch sonst geht sie ja nicht gerade schnell, aber heute merkt sie trotz ihres langsamen Tempos nicht, was um sie her geschieht. Ihre Gedanken sind immer noch bei Luisa, ihrer Freundin. Arme Luisa!

Bis vor Kurzem haben die beiden sich immer viel zu erzählen gehabt, und in jeder Pause haben sie auf dem Schulhof miteinander gespielt. Aber dann, von einem Tag auf den anderen, war Luisa völlig verschlossen. Kein Wort hat sie mehr mit Marie gewechselt, und mit den anderen auch nicht. Aber die Lehrerin war trotzdem sehr freundlich zu ihr, eigentlich noch freundlicher als früher. Einige Male hat Luisa auf dem Schulhof sogar geweint. Natürlich ist sie schnell weggelaufen, wenn jemand kam. Keiner sollte es merken. Aber Marie hatte es gesehen.

In den letzten Tagen schien es Luisa etwas besser zu gehen. Die beiden kamen sich wieder näher. Und heute nun hat Luisa Marie alles erzählt. Warum sie in letzter Zeit so durcheinander war und was sie so traurig gemacht hat. Ihre Eltern haben ihr nämlich gesagt, dass Luisa nicht ihr richtiges Kind ist. Sie haben sie als Baby adoptiert.

Arme Luisa!, denkt Marie. Es muss schrecklich

sein, wenn man seine Eltern lieb hat und denkt, es sind wirklich die eigenen Eltern, und auf einmal sagen sie einem so was!

Plötzlich ist er da, der schreckliche Gedanke. Marie bleibt ruckartig stehen. Vielleicht bin ich ja auch nicht das richtige Kind meiner Eltern! Vielleicht ...

Es ist ihr ein bisschen schwindelig, und sie setzt sich auf das niedrige Mäuerchen, das die Parkanlage vom Bürgersteig trennt. Vielleicht bin ich ja selbst ein Adoptivkind. Vielleicht sind meine Eltern gar nicht meine richtigen Eltern. Immer wieder der gleiche Gedanke.

Luisa hat es ja auch erst vor Kurzem erfahren. Vielleicht hatten meine Eltern noch nicht den Mut, es mir zu sagen. Aber irgendwann sagen sie es mir dann doch.

Ich bin verrückt!, denkt sie plötzlich. Warum sollte ich denn adoptiert sein? Aber andererseits: Warum nicht?

Jetzt sitzt Marie schon eine ganze Weile auf dem Mäuerchen.

Sicher, manche Leute sagen, sie sähe ihrer Mutter so ähnlich. Und andere meinen, dem Vater wäre sie wie aus dem Gesicht geschnitten. Aber das sagen sie eben so. Manche Erwachsenen denken bestimmt, die Eltern freuen sich, wenn sie das sagen. Deshalb muss es ja noch nicht stimmen.

Wenn sie es nur selbst feststellen könnte! Mit dem Spiegel vielleicht. Marie nimmt sich vor, zu Hause einmal ein Bild von ihrer Mutter neben den Spiegel zu halten. Sie kann sich nicht erinnern, schon mal eine Ähnlichkeit festgestellt zu haben.

Und dann die Haare! Sie hat blonde, Vater hat schwarze, Mutter auch, oder jedenfalls ziemlich dunkle. Das ist auch anderen Leuten schon aufgefallen.

Einiges spricht allerdings auch dafür, dass ihre Mutter sie wirklich geboren hat. Beide, Mutter und Tochter, sind zum Beispiel musikalisch. Sie singen oft zusammen. Vater kann auch ganz gut singen und hört manchmal klassische CDs mit dem Kopfhörer.

Lange sitzt Marie so da und trägt alle Gedanken zusammen, die dafür oder dagegen sprechen, dass sie ein Adoptivkind ist. Und je mehr sie darüber nachdenkt, desto unruhiger wird sie. Oh – schon zwölf Uhr durch! Schnell springt Marie auf und rennt los. Ihre Mutter macht sich sicher Sorgen, wenn sie so spät kommt. Ihre Mutter ...?

Ich werde sie fragen, denkt Marie. Einfach direkt fragen! Den Vater auch. Dann können sie nicht lügen.

Aber nein, das geht nicht! Wenn sie erfährt, dass sie doch nicht adoptiert ist, würde sie sich bestimmt schämen.

Oder – Marie kommt außer Atem und muss wieder etwas langsamer gehen – oder ich erzähle das von Luisa. Wenn ich auch adoptiert bin, werden sie die Gelegenheit nutzen und es mir sagen.

Aber als sie zu Hause ist, erzählt sie dann doch nichts. Ob sie es vielleicht gar nicht wissen will, wenn sie adoptiert sein sollte?

Einige Tage sind vergangen. Die Nachrichten im Fernsehen sind gerade zu Ende, und der Vater schaltet ab. Marie ist schon im Schlafanzug und will gute Nacht sagen.

»Marie, mein Kind, schlaf gut!« Die Mutter drückt sie fest an sich. Da hat Marie auf einmal Tränen in den Augen. Sie weiß nicht, wieso, aber plötzlich sind sie da. Schnell will sie gehen, aber die Mutter fragt: »Was hast du denn, Marie? Du weinst ja!«

»Ach, nichts!«

»Sag's mir doch, Marie! Ich habe schon seit ein paar Tagen den Eindruck, dass du traurig bist.«

»Es ist ... es ist ...« Jetzt muss sie von Luisa erzählen! »Luisa ist adoptiert!«

»Ach, und das hast du jetzt erfahren?«

»Ja. Sie tut mir so leid. Sie ... sie ... wenn man auf einmal hört, dass die Eltern gar nicht die richtigen Eltern sind ...«

Der Vater mischt sich in das Gespräch ein. »Weißt du, Marie, wenn man sagt: richtige Eltern, dann wäre das Gegenteil: falsche Eltern. Darum heißt es richtig: leibliche Eltern. Gute Adoptiveltern können viel mehr ›richtige‹ Eltern sein als leibliche Eltern, die ihr Kind nicht wirklich liebhaben.«

Die Mutter bestätigt das: »Sieh mal, Luisa wird doch von ihren Eltern so geliebt. Und Luisa liebt sie ja auch, sonst wäre sie nicht so schockiert. Und wenn sich Eltern und Kinder lieb haben – was macht es da aus, ob es leibliche oder Adoptivkinder sind?«

»Mit Menschen verwandt zu sein«, fügt der Vater noch hinzu, »bedeutet längst nicht so viel wie das jahrelange gemeinsame Leben. Wenn Eltern mit ihren Kindern glücklich sind, wenn sie gemeinsam feiern, Krankheiten miteinander durchstehen und sich über jedes Wort und jeden Handgriff, den die Kinder dazulernen freuen – glaub mir, das verbindet viel mehr als ...«

Marie rennt schluchzend aus dem Wohnzimmer. Der Vater und die Mutter folgen ihr in ihr Zimmer. Marie hat sich auf ihr Bett geworfen. Die Eltern sehen sich erstaunt und hilflos an. Auf einmal kommt der Mutter ein Gedanke.

»Marie, sag mal, glaubst du etwa, du wärst auch adoptiert?«

Marie schluchzt etwas, das sich wie »ja« anhört, es kann aber auch etwas anderes bedeuten.

»So ein Unsinn, Marie! Du bist unser eigenes Kind! Wirklich!« Marie guckt vorsichtig auf. »Wirklich?«, schnieft sie.

»Aber ja!«, bestätigt der Vater. Er tippt der Mutter auf den Bauch. »Hier, da drin bist du sechs Pfund schwer geworden. Ehrenwort!«

»Ich dachte nur ... Ich dachte nur, weil du jetzt auch noch so erklärt hast, dass da kaum ein Unterschied wäre ... da hab ich gedacht ...«

»Warte!«, murmelt der Vater und geht raus. Marie setzt sich auf und kuschelt sich an ihre Mutter. Nach einer Weile kommt der Vater wieder. »Hier, Marie, guck dir das an!«

Er setzt sich zu ihr auf das Bett und schlägt das Fotoalbum auf. »Da siehst du dich, wenige Stunden alt – süß, nicht? Und da bist du auf Mamas Arm, im Krankenhaus, zwei Tage nach der Geburt.«

»Und was ist das?«

Marie guckt sich das Bändchen aus Kunststoff an, das mit einem Klebestreifen neben den Fotos befestigt ist. Darauf steht: Marie Neubert.

»Was ist das?«

»Solche Bändchen kriegen die Babys gleich nach der Geburt um das Handgelenk gebunden, damit sie auf der Säuglingsstation nicht irgendwie verwechselt werden.«

»Ach, richtig, das hast du mir schon mal erklärt. Das hatte ich ganz vergessen.«

»Willst du jetzt noch die amtliche Eintragung in unserem Familienstammbuch sehen? Moment.«

»Nein, nein, lass nur, Papa! Ist schon gut.«

Die Mutter nimmt Marie in die Arme und drückt sie an sich. »Du hättest doch schon längst mal fragen können, wenn du solche Befürchtungen hattest!«

Der Vater steht auf und legt das Album auf den Nachttisch. »Jetzt weißt du ja, dass ich dich nicht nur beruhigen oder trösten will, und deshalb kann ich es noch mal sagen: Auch Adoptiveltern können ganz, ganz liebe Eltern sein, manchmal besser als leibliche Eltern.«

»Das sagt Luisa jetzt auch«, meint Marie leise.

»Und weißt du, was bei alledem das Wichtigste ist?« Maries Vater setzt sich wieder zu ihr aufs Bett. »Dass wir einen Vater im Himmel haben. Er ist ja nicht unser leiblicher Vater. Kannst du dir denken, warum wir Gott trotzdem Vater nennen?«

Marie schüttelt den Kopf.

»Ein leiblicher Vater und eine leibliche Mutter haben uns das Leben gegeben, das von unserer Geburt bis zu unserem Tod reicht. Und Gott schenkt uns das

Leben mit ihm, das jetzt beginnt und nie aufhören wird, das ewige Leben. Außerdem sorgt er für uns, besser noch als alle Väter der Welt für ihre Kinder sorgen. Und dann nennen wir ihn noch Vater – nun, rate mal!«

»Weil er uns lieb hat.«

»Genau!«

Die Mutter löst die Umarmung. »So, und jetzt schlaf gut. Papa und ich sind im Wohnzimmer, und dein Vater im Himmel ist noch viel näher bei dir.«

»Nimm noch deine adoptierte Puppe mit ins Bett!«

»Aber Papa! Das ist doch mein echtes Kind!«, empört sich Marie. Dann lächelt sie und zwinkert ihrem Vater zu. »Also, im Spiel jedenfalls.«

Papa und die Eisenbahn

»Das ist nicht wahr!«, stößt Fabian wütend hervor. »Mein Papa spielt mit mir, weil er mich lieb hat!«

Philipp, der große Bruder seines Freundes, verzieht nur spöttisch die Mundwinkel.

»Immer, wenn er Zeit hat, spielt er mit mir!« Fabian ist ganz aufgebracht.

»Mit der elektrischen Eisenbahn«, fragt der Große, »stimmt's?«

»Na klar«, antwortet Fabian.

»Glaub mir, Kleiner«, sagt Philipp, »Väter spielen nie mit ihren Kindern, weil sie sie lieb haben. Höchstens, weil sie selbst spielen wollen. Aber sie trauen sich nicht, allein mit einer elektrischen Eisenbahn zu spielen. Weil dann jeder sagen würde: Der ist ja selbst noch ein Kind! Pass auf, was passiert, wenn deine Eisenbahn mal kaputt ist! Dann hat dein Papa auf einmal keine Zeit mehr für dich!«

Fabian ist wütend. Er rennt einfach weg, weil er nicht weiß, was er antworten soll. Aber vergessen kann er nicht, was Philipp gesagt hat.

Zu Hause wirft er sich auf den Teppich in seinem Zimmer. Tränen stehen ihm in den Augen. Immer wieder sagt er tonlos: »Mein Papa hat mich lieb.« Als müsste er es Philipp einreden. Oder muss er es vielleicht sich selbst einreden? Ist er vielleicht doch nicht so sicher?

Sein Blick fällt auf das große Brett unter seinem Bett. Darauf hat er mit seinem Vater den Bahnhof gebaut, mit vielen Weichen und Signalen und einer Drehscheibe, und natürlich auch mit der elektrischen Schalteinrichtung. Wenn sie spielen, ist das Brett immer der Mittelpunkt. Sie können noch viele Schienen aus dem Kasten holen und daran anschließen.

Plötzlich kommt Fabian eine Idee. »Ich muss beweisen, dass Philipp unrecht hat«, denkt er. »Ja, beweisen! Ich mache die elektrische Eisenbahn kaputt!«

Ruckartig setzt er sich auf. Ein toller Plan ist das! Aber wie soll er sie kaputtmachen? Soll er drauftreten und sagen, es wäre aus Versehen passiert? Nein, dann müsste er lügen, und das will er nicht. Außerdem könnte Papa es dann vielleicht schnell reparieren. Oder sie könnten mit anderen Teilen der Anlage spielen, die nicht kaputt sind.

Er muss etwas kaputtmachen, was die ganze Anlage lahmlegt und was außerdem schwer zu reparieren ist.

Der Trafo! Er muss den Trafo zerstören, der den Strom liefert! Der Entschluss ist gefasst. Fabian geht in den Keller und holt aus Papas Werkzeugschrank einen Schraubenzieher. Mama merkt nichts, sie ist in der Küche beschäftigt, und Papa ist sowieso noch nicht von der Arbeit zurück.

Mit einiger Mühe gelingt es Fabian, den Deckel vom Trafo abzuschrauben. Jetzt liegt das ganze Drahtgewickel vor ihm. Einen Moment überlegt er. Eigentlich ist es ja verrückt, sein eigenes Spielzeug kaputtzumachen. Aber dann schiebt er alle vernünftigen Gedanken beiseite. Er will es jetzt wissen! Spielt sein Papa mit ihm, weil er ihn lieb hat? Oder tut er nur so, damit er selbst spielen kann? Bald wird er es wissen.

Entschlossen packt er den Schraubenzieher und stößt ihn mitten zwischen die Drahtwicklungen. Im gleichen Moment durchzuckt ihn ein Blitz. Es ist, als würde seine Hand abgerissen. Ein gellender Schrei hallt durchs Haus. – Er merkt gar nicht, dass der Schrei aus seiner eigenen Kehle kommt. Er merkt gar nichts mehr.

Als Fabian wieder zu sich kommt, liegt er im Bett. Was ist passiert? Er braucht eine Weile, um sich zu erinnern. Langsam schlägt er die Augen auf.

Der Doktor sitzt auf dem Bettrand und fühlt seinen Puls. Mama steht daneben.

»Na, wieder da, kleiner Elektroingenieur?«, sagt

der Doktor. Dann spricht er mit Mama und erklärt ihr, was sie mit Fabian machen soll. Er schreibt etwas auf einen Zettel, packt seine Tasche und steht auf. Mama begleitet ihn zur Tür.

Als sie zurückkommt, weint Fabian.

»Tut es noch weh? Ach, Fabian, was hast du mir für einen Schrecken eingejagt!«

»Es tut nicht weh«, sagt Fabian. »Es ist nur ... ich habe ... verstehst du ...«

Mehr kriegt er nicht heraus.

Mama setzt sich aufs Bett und gibt ihm einen Kuss. »Armer Junge!«, sagt sie. Da weint Fabian erst richtig los. Und dann erzählt er alles. Was er gemacht hat und was er herausbekommen wollte.

»Das war wirklich dumm von dir, Fabian, und ganz unnötig! Aber darüber können wir später noch reden. Der Doktor hat gesagt, du brauchst Ruhe und Schlaf. Mach jetzt die Augen zu und versuch, ein bisschen zu schlafen. Ich bin in der Küche und lasse die Türen offen. Wenn was ist, rufst du einfach!«

Es dauert auch nicht lange, da ist Fabian eingeschlafen. Als er aufwacht, sitzt wieder jemand an seinem Bett. Aber diesmal ist es Papa.

»Junge, Junge, was machst du nur für Dummheiten!«, sagt er. Aber es klingt nicht wie ein Vorwurf, und er streicht ihm dabei über das Haar.

»Papa, ich ... ich wollte ...«

»Mama hat mir alles erzählt. Eine ganze Kette von Dummheiten!«

»Wieso?«, fragt Fabian, aber eigentlich weiß er es selbst, und er sagt es nur, weil er möchte, dass Papa weiterspricht.

»Nun, erstens macht man nicht mutwillig sein Eigentum kaputt«, sagt Papa leise. »Zweitens stochert man auf gar keinen Fall in elektrischen Geräten herum. Drittens, wenn man das schon tun will, aus welchem Grund auch immer, zieht man vorher den Stecker aus der Wand. Aber die größte Dummheit war, dass du auf diese Weise testen wolltest, ob ich dich lieb habe!«

»Wieso?«, fragt Fabian noch einmal.

»Du musst doch wissen, dass ich dich lieb habe! Sicher, ich spiele wirklich gern mit der elektrischen Eisenbahn, aber ich würde auch mit dir Ball spielen oder ins Schwimmbad gehen. Hab ich ja auch schon oft getan. Und überhaupt, Liebe soll man nicht testen.«

»Wieso?«, fragt Fabian zum dritten Mal, als hätte er alles andere durch den Stromschlag verlernt.

»Weil Liebe davon kaputtgehen kann, Misstrauen ist Gift für die Liebe, verstehst du? Sieh mal, Gott liebt uns, stimmt's?«

Fabian nickt.

Papa fährt fort: »Angenommen, ich sage: Ich will

doch mal sehen, ob Gott mich liebt. Ich fasse jetzt die Stromkabel an. Wenn nichts passiert, hat Gott mich bewahrt, also liebt er mich. Wenn ich einen gewischt kriege, liebt er mich nicht. Wäre das nicht dumm?«

Wieder nickt Fabian.

»Liebe testet man nicht«, sagt Papa ganz leise und ganz nah an Fabians Kopf. »Man nimmt sie an und freut sich drüber. Und liebt auch selbst den, der einen liebt.«

»Es war ja nur ... der Philipp ...« Fabian weiß nicht weiter.

»Du musst dich nicht über Philipp ärgern«, sagt Papa da. »Er tut mir eher leid. Wenn er so was sagt, ist er vielleicht enttäuscht von seinem eigenen Vater. Und deshalb meint er nun, alle Väter wären so. Versprich mir, Fabian – wenn ich dich mal enttäusche, dann sagst du es mir, ja?«

Fabian nickt wieder.

»So ein Test kann vieles kaputt machen. Aber wenn man offen miteinander redet, kann die Liebe auch wieder heilen. Und unsere Liebe soll doch gesund und stark sein, nicht?«

Diesmal antwortet Fabian nicht. Er lächelt nur.

Spiele im Winter

»Jetzt hör mir mal zu!«, mahnt Lauras Mutter, während sie ihrer Tochter hilft, ein trockenes Paar Handschuhe in der Schublade zu finden. »Ich sage dir heute zum letzten Mal, dass ihr nicht auf den Feuerlöschteich gehen sollt, wenn er zugefroren ist. Zweimal bist du schon eingebrochen. Das reicht! Ich will nicht jedes Jahr im Winter das gleiche Theater erleben.«

»Bestimmt nicht!«, verspricht Laura.

»Und wenn die zwei Jungen vom Pastor dich auffordern, gehst du einfach weg! Hörst du?«

Laura ist plötzlich unsicher. »Wenn sie aber wieder sagen, ich wäre ein Feigling? Das letzte Mal bin ich aufs Eis gegangen, weil sie gesagt haben, ich traue mich nicht.«

»Aber Laura!«, sagt ihre Mutter und geht in die Hocke, um ihrer Tochter besser ins Gesicht sehen zu können. Verstehst du denn nicht? Sie sind die Feiglinge. Sie trauen sich nicht aufs Eis, weil sie Angst haben einzubrechen. Darum schicken sie dich vor. Wenn sie sehen, dass das Eis dich trägt, trauen sie sich auch. Wenn du einbrichst, sind sie gewarnt. Also – wer ist denn da der Feigling?«

Das begreift Laura natürlich. »Mach's gut, Mama!«

Langsam trottet sie die Straße entlang. Die kleine

Nina von nebenan spielt auf der verschneiten Garageneinfahrt. Als sie Laura sieht, kommt sie gleich angerannt.

Natürlich ist Laura freundlich zu ihr. Sie mag sie ja auch. Aber so richtig spielen kann sie mit der Kleinen nicht. Jetzt zum Beispiel: Nina will einen Schneeball werfen. Die Hälfte davon fällt zwei Meter weit nach rechts, und die andere Hälfte fällt ihr auf die eigenen Schuhe. Mit so jemandem kann man nicht richtig spielen.

Die beiden Mädchen schlendern weiter und kommen zum alten Feuerlöschteich. Er ist wirklich zugefroren. Laura hebt einen Eisbrocken aus einer gefrorenen Pfütze, den ein durchfahrendes Auto losgebrochen hat, und lässt ihn über die Eisfläche rutschen. Sie stellt Nina an die andere Seite, von dort soll sie den Eisbrocken zurückstoßen. Aber auch dafür ist Nina noch zu klein. Deshalb ist Laura doch ganz froh, als die beiden Jungen vom Pastor mit lautem Geschrei angerannt kommen.

»Trägt es?«, fragt der Ältere.

»Weiß nicht«, antwortet Laura.

»Probier doch mal«

»Probier du doch!«

»Du warst doch zuerst hier«, sagt der Jüngere.

Laura antwortet schnippisch: »Ich will ja gar nicht drauf!«

»Feigling!«

Da ist es wieder, dieses Wort, das Laura nicht hören kann. Aber diesmal ist sie darauf vorbereitet. »Selber Feigling! Ich hab mir beim letzten Mal nasse Füße geholt. Diesmal könnt ihr's probieren!«

Andreas, der Größere, packt Laura am Arm, dass es richtig weh tut.

»Ich lasse mich von dir nicht Feigling nennen! Nimm das zurück, sonst wirst du's noch bereuen!«

Glücklicherweise hat Martin, sein Bruder, inzwischen Nina entdeckt. »He, Kleine! Geh du mal aufs Eis! Es ist bestimmt schon fest genug.«

Jetzt wird Laura richtig wütend. »Schämt ihr euch gar nicht? Die kleine Nina wollt ihr auf den Teich schicken, weil ihr euch selber nicht traut?«

»Reg dich doch nicht auf!«, sagt Andreas. »Ertrinken kann sie darin nicht. Der Teich ist doch ganz flach.«

»Aber bis zum Bauch nass werden kann sie!«

Martin ruft Nina zu: »Komm her, Nina! Komm quer über den Teich. Traust du dich etwa nicht?«

Laura reißt sich los und rennt um den Teich herum. »Komm, Nina, wir gehen weg!«

»Spielverderber!«, rufen die beiden Jungen und werfen dicke Schneebälle hinter ihnen her. Einer trifft Ninas Nacken, der Schnee rieselt ihr unter die Jacke.

Sie weint. Laura fasst sie bei der Hand und zieht sie schnell hinter sich her. Sie ist so wütend, dass auch sie dem Weinen nahe ist.

Später sitzt Laura zu Hause am Küchentisch und malt. Es klingelt. Als die Mutter öffnet, steht der Pastor mit seinen zwei Söhnen vor der Tür.

»Guten Tag, Frau Sievert. Ist Laura da?«

»Guten Tag, Herr Pastor. Kommen Sie nur rein. Laura ist in der Küche.«

Als sie alle um den Tisch sitzen, sagt der Pastor: »Die Eltern der kleinen Nina haben bei mir angerufen, um sich über meine Söhne zu beschweren. Der Sache muss ich natürlich nachgehen. Aber was Nina erzählt hat, daraus bin ich nicht schlau geworden. Berichte du mir doch mal, Laura, was passiert ist!«

Laura erzählt alles, auch dass die beiden sie in den vergangenen Jahren immer wieder zum Testen aufs Eis geschickt haben. Aber diesmal, erzählt sie stolz, hat sie sich nichts gefallen lassen. »Selber Feigling!«, hat sie gesagt.

Der Pastor nickt. »Da hast du ganz Recht, Laura. Die beiden waren Feiglinge. Und du warst mutig.«

Andreas und Martin kriegen einen roten Kopf und schauen vor sich auf den Küchentisch. Lauras Mutter denkt: Dass er das sagt, ist für sie sicher schlimmer als irgendeine Strafe.

»So, meine Söhne, ich habe euch ja schon oft gesagt, was ihr in so einem Fall zu tun habt. Ich gehe schon mal, das solltet ihr wohl besser ohne mich tun.«

Der Pastor steht auf und geht zur Tür. Als er die Türklinke schon in der Hand hat, dreht er sich noch einmal um. »Ach, noch eins: Es ist feige und auch böse, einen anderen in die Gefahr zu schicken, um sich selbst zu schonen. Aber eine Ausnahme gibt es: Jesus. Allerdings ist er freiwillig in die Gefahr und sogar in den Tod gegangen, um uns davor zu bewahren. Es ist, als wenn er uns vorangegangen und im Eis eingebrochen wäre. Auf Wiedersehen, Frau Sievert, und verzeihen Sie die Predigt! Sie war für meine Kinder gedacht.«

»Mir hat sie auch gut getan«, lacht Lauras Mutter und begleitet den Pastor zur Tür.

»Was ist denn das, was ihr jetzt tun sollt?«, fragt Laura die Jungen, als sie allein sind.

»Wir sollen uns entschuldigen«, sagt Andreas, und seine Stimme klingt nicht gerade begeistert.

»Na, dann tut das doch!«, sagt die Mutter, die gerade wieder hereinkommt.

»Entschuldige bitte, Laura!«, sagen beide. Uff! Das hätten sie hinter sich!

»Schon gut«, antwortet das Mädchen. »Wir könnten

bis zum Abendessen noch was zusammen machen. Zum Beispiel eine Schneeballschlacht.«

»Au ja!« Beide Jungen springen auf.

Während sie sich ihre Jacken anziehen, schlägt Andreas vor: »Ich gegen euch beide. Das ist doch gerecht, oder?«

»Wer kommt in meine Arme?«

Ganz allmählich wird Hannah wach. Während der langen Autobahnfahrt ist sie beim gleichmäßigen Motorengebrumm auf dem Rücksitz eingeschlafen. Aber jetzt hat ihr Papa die Autobahn verlassen, und in den engen Kurven der Landstraße wird Hannah hin- und hergeworfen.

»Sind wir bald da?«

»Ach, du bist ja aufgewacht!«, stellt ihre Mama fest, und der Papa beantwortet ihre Frage: »Nur noch eine Viertelstunde.«

»Fahren wir erst zu Opa oder erst zu Großvater?«

Mama dreht sich um. »Erst zu Opa, guten Tag sagen. Aber dort können wir nicht bleiben. Danach fahren wir zu Großvater. Da übernachten wir auch.«

Hannah freut sich.

Opa – das ist der Vater von Hannahs Mutter. Er ist ganz lieb, und Hannah hat ihn sehr gern. Großvater ist natürlich auch ein Opa, aber damit man die beiden besser unterscheiden kann, heißt er Großvater. Er ist der Vater von Hannahs Vater. Er ist natürlich auch lieb, aber man merkt es nicht gleich. Dafür kann er so schön Geschichten erzählen, und er spielt viel mit seiner Enkelin, wenn sie mal zu Besuch kommt.

Während sie über die Landstraße schaukeln und

Hannah sich in jeder Kurve mit Vergnügen in die Gurte fallen lässt, denkt sie zurück. Das war schön, als sie im vorigen Jahr hier waren! Sie kann sich noch genau erinnern. Sie waren wie immer vor dem Gartentor vorgefahren, von dem ein Plattenweg bis zur Haustür geht. Noch ehe sie ausgestiegen waren und sich nach der langen Fahrt gestreckt hatten, waren im Haus Türen und Fenster aufgegangen, und ein lautes Hallo von Onkel und Tante und den Kindern hatte sie begrüßt. In der Haustür aber stand Opa. Er breitete die Arme aus, lachte Hannah fröhlich entgegen und rief: »Wer kommt in meine Arme?« Da war sie zu ihm hingerannt, er hatte sie aufgefangen, hochgehoben und an sich gedrückt, dass seine Bartstoppeln in ihre Backe piekten. Hannah spürt die Stoppeln jetzt noch, wenn sie dran denkt. Und sie sieht die Lachfalten um Opas Augen. Sie freut sich riesig auf Opa. Sicher wartet er schon an der Haustür auf sie.

Jetzt kommt Hannah die Landschaft bekannt vor. Die Kirche im Tal, links die Gaststätte. Ihre Spannung steigt. Gleich müssen sie da sein, und dann gibt es die fröhliche Begrüßung.

Hannahs Papa verlangsamt die Fahrt, biegt in eine Nebenstraße ein, sie sind da!

Aber niemand ist zu sehen.

Alle drei steigen aus und holen die wichtigsten Gepäckstücke aus dem Inneren des Wagens. Papa schließt das Auto ab. Sie gehen auf dem Plattenweg zum Haus und läuten. Nichts regt sich.

Hannah ist so fürchterlich enttäuscht, dass ihre Augen feucht werden und ein Kloß ihr den Hals verschließt. Endlich geht die Tür auf.

Aber Hannah ist so bedrückt, dass sie nur wie im Traum miterlebt, wie die Tante sie begrüßt. Die Kinder sind nicht da, der Onkel arbeitet noch.

»Und Opa?«, fragt Hannah leise.

»Opa geht es nicht gut«, antwortet die Tante. »Ihr könnt ihm mal guten Tag sagen. Er liegt oben. Aber strengt ihn nicht zu sehr an!«

Sie gehen die Treppe hinauf. Die Tante öffnet die Tür. Papa und Mama gehen in das Zimmer. Hannah ist so beklommen zumute, dass sie an der Schwelle stehenbleibt. Erst als die Tante sagt: »Geh nur, Hannah!«, macht sie ein paar zögernde Schritte ins Zimmer hinein.

Opa liegt im Bett. »Ich freue mich so, dass ihr da seid!«, sagt er leise.

Nachdem die Eltern ihn begrüßt haben, streckt auch Hannah Opa die Hand entgegen. »Guten Tag, Opa!«

»Hannah, mein Schatz, willst du mir nicht einen Kuss geben?«

Sie nickt. Doch, das will sie. Aber als sie Opas Bart auf ihrer Backe spürt, ist es doch nicht so wie früher. Alles ist so ganz anders. Sie kann gar nicht sagen, warum.

Es ist schon später Nachmittag, als sie vor Großvaters Haus vorfahren. Da ist mehr Leben. Die Verwandten schütteln ihnen die Hand, und auch die Nachbarn rufen ihnen einen Gruß zu.

Dann steht da auf einmal Großvater. »Mädchen, bist du groß geworden! Aber leider noch nicht so groß, dass du mich umarmen kannst. Und ich kann nicht runter zu dir! Wegen meiner kranken Knie. Was machen wir denn da? Ah – ich hab eine Idee!«

Großvater nimmt seine Enkelin an der Hand und führt sie zu der weißen Gartenbank – Schnell klettert Hannah hinauf, und als sie so erhöht vor ihm steht, umarmen sie sich.

Als Großvater jetzt den Mund dicht an Hannahs Ohr hat, flüstert er: »Ich habe so lange auf dich gewartet, Hannah! Schade, dass du mich so selten besuchst. Wo ich dich doch so lieb habe!«

Von der Haustür rufen sie herüber: »Was macht ihr denn da für Turnübungen? Kommt her, es gibt Kaffee! Der Kuchen steht schon auf dem Tisch.«

Hannah ist glücklich. An der Hand des Großvaters springt sie zum Haus und zieht ihn dabei hinter sich her.

»Ich möchte neben Großvater sitzen!«, ruft sie laut. Das lässt sich machen. Während des Essens redet Hannah dauernd mit vollem Mund auf Großvater ein. Sie erzählt, wie es ihr in der Schule gefällt, was sie am liebsten spielt und vieles andere. Und wenn sie mal eine Pause macht, stellt Großvater eine Frage, und gleich redet sie weiter.

Später, als das Kaffeetrinken zu Ende ist, fragt Großvater: »Sag mal, Hannah, hast du dich denn auch gefreut, uns mal wieder zu besuchen?«

»Und wie! Noch viel mehr als früher!«

»Mehr als früher? Warum?«

Zufällig tritt in diesem Augenblick im Gespräch der Erwachsenen eine Pause ein, und alle hören diese Sätze. So viele Augen sehen Hannah jetzt an! Sie ist ganz verwirrt.

»Äh«, stottert sie, »das, äh, das kann ich dir nur ganz allein sagen, Großvater.«

Großvater steht auf. »Ihr entschuldigt uns sicher mal für einige Augenblicke«, sagt er laut in die Runde.

»Zwei, die sich gern haben, haben eben manchmal Geheimnisse. Komm, Hannah.«

Er geht hinaus, und seine Enkelin folgt ihm. Im Garten setzt er sich auf die weiße Bank, und Hannah setzt sich neben ihn.

»Nun«, sagt er und legt den Arm um ihre Schulter, »du wolltest mir erzählen, warum du dich diesmal noch mehr gefreut hast als früher.«

»Eigentlich wollte ich das gar nicht sagen«, meint Hannah leise, »es ist nur so rausgerutscht.« Aber dann erzählt sie Großvater doch, wie sehr sie sich darauf gefreut hatte, von Opa begrüßt zu werden, so wie immer, und dass alles diesmal ganz anders war. »Aber du, Großvater, du hast mich ganz lieb begrüßt. Und darum freue ich mich. Und darum bin ich jetzt nicht mehr so traurig wie vorhin.«

Großvater schaut eine Weile schweigend vor sich hin und nickt nur. Dann sagt er: »Zwei Dinge sollst du wissen, Hannah. Ich habe dich immer liebgehabt, auch wenn ich dich nicht stürmisch begrüßt habe. Und dein Opa hat dich immer noch lieb, auch wenn er dich jetzt nicht mehr so begrüßen kann wie sonst.«

Hannah nickt.

»Du hast ja gesehen«, fährt Großvater nach einer Weile fort, »dein Opa ist sehr krank.«

»Ist es schlimm?«

»Ziemlich.«

»Muss Opa sterben?«

Großvater schweigt einen Augenblick. Dann meint er: »Ja, alle Menschen müssen sterben.«

»Alle? Ach, so meinst du das. Nein, ich meine: Muss Opa bald sterben, weil er so krank ist?«

»Das weiß ich nicht«, antwortet Großvater leise, »aber es kann sein.« Dann fügt er noch hinzu: »Was wir tun können, ist, dass wir für ihn beten.«

»Das tue ich immer«, will Hannah sagen. Aber das »immer« kommt nicht richtig raus, weil sie nur mit Mühe ihre Tränen zurückhalten kann.

»Wein' doch nicht!«, sagt Großvater. »Sicher, wir sind alle traurig, weil er vielleicht bald nicht mehr bei uns ist. Aber er selbst nicht. Noch gestern habe ich mit ihm gesprochen. Da hat er gesagt: Er freut sich, wenn er zu Gott gehen kann. Jetzt hat er Schmerzen und Angst. Aber beim Vater im Himmel wird nur Freude sein.«

Noch lange sitzen der Großvater und seine Enkelin schweigend nebeneinander. Die Sonne ist untergegangen, und die Dämmerung hat sich über das Dorf und über den kleinen Garten gelegt. Im Haus hat jemand das Licht angemacht, und das fröhliche Reden dringt durch die erleuchteten Fenster.

»Du, Großvater«, nimmt Hannah leise das Gespräch wieder auf.

»Ja?«

»Weißt du, wie ich mir das vorstelle, wenn wir in den Himmel kommen?«

»Sag's mir, mein Schatz!«

»Wir kommen in einen wunderschönen Garten. Und am anderen Ende steht Gott. Er breitet die Arme aus – so – und lacht und ruft: Wer kommt in meine Arme?«

Da hebt der Großvater seine Enkelin auf seinen Schoß und drückt sie fest an sich. »Ja, Hannah«, sagt er, »du hast Recht. So wird es sein.«

Jetzt erscheint Hannahs Vater in der Haustür. »Na, ihr beiden, habt ihr euer Geheimnis immer noch nicht fertig besprochen?«

Sie stehen auf und gehen hinüber. »Doch!«, sagt Großvater. »Wir haben angefangen, ein ganz tiefes, wunderbares Geheimnis zu begreifen.«

Das Telefon

»Rufe mich an in der Not ...« Die Kinder in der Kinderstunde brüllen aus voller Kehle, alle gemeinsam. So laut, dass sogar Benjamin aus seinen Tagträumen aufwacht.

»... so will ich dich erretten, und du sollst mich preisen!«

Benjamin muss sich erst mal zurechtfinden. Ach ja, stimmt, vom Anrufen hatte Holger eben gesprochen. Das hatte ihn ja auch auf seine Gedanken gebracht.

Noch einmal brüllen alle zusammen: »Psalm 50 Vers 15.« Das gehört dazu, wenn sie einen Spruch lernen. Die Stelle, wo man ihn in der Bibel finden kann. Heißt es jedenfalls immer. Aber wenn's drauf ankäme, würde Benjamin den Vers sicher doch nicht finden. Er wüsste gar nicht, wo er die Psalmen suchen sollte in Omas dicker alter Bibel. Aber warum auch! Jetzt kann er den Satz auswendig, da braucht er ihn ja nicht nachzulesen.

Im Raum ist es wieder etwas stiller geworden. Holger steht immer noch vorn und erklärt, dass 5015 die himmlische Telefonnummer ist. Anrufen könne man da. Natürlich nicht mit einem richtigen Telefon. Er meint beten. Wenn Gott sagt: *»Rufe* *mich an in der Not«*, dann heißt das: Du kannst zu mir beten. Das hat Holger vorhin schon mal so ähnlich gesagt. Benjamins Gedanken sind schon wieder bei seinem eigenen Telefon. Das ist spannender als das, was Holger da erklärt und was sowieso etwas seltsam ist.

Gut, dass heute Sonntag ist. Da haben sie Zeit, ihr neues Telefon auszuprobieren. Es funktioniert schon, man kann schon sprechen. Aber Felix will sich heute noch etwas einfallen lassen, damit man auch klingeln kann, wenn man den anderen an den Apparat holen will, wie bei einem richtigen Telefon. Das müssen sie heute noch basteln. Benjamin freut sich schon riesig darauf.

Holger hat ein Gebet gesprochen, und jetzt singen alle zusammen noch ein Lied. Schön laut und ziemlich schief. Benjamin brummelt ein bisschen mit, so richtig kennt er es nicht.

Dann ist die Kinderstunde zu Ende. Alle strömen nach draußen. Benjamin ist einer der Ersten. Es kann ja sein, dass Felix schon am Vormittag weiterbasteln will, und das darf er nicht verpassen.

Tatsächlich – als er nach Hause kommt, sitzen Felix und sein Bruder Pascal auf der Treppe vor der Haustür, Pascal ist so alt wie Benjamin, aber Felix ist schon viel größer, elf oder zwölf, mindestens.

»Ihr seid ja schon am Basteln!«, ruft Benjamin ihnen zu.

»Na klar, wo warst du denn?«

»In der Kinderstunde.«

»Ach so.«

»Du kannst uns helfen, Benjamin«, meint Felix. »Ich hab kein richtiges Kabel gefunden. Aber mit so einem Draht geht es auch. Wir müssen ihn nur geradeklopfen.«

»Das ist doch Maschendraht!«

»Ja, von unserm alten Hühnerauslauf. Macht doch nichts.«

Benjamin guckt sich den Draht an. »Das ist aber ziemlich mühsam.«

»Halb so schlimm!«, beruhigt ihn Pascal. »Guck, das haben wir schon! Hier auf der Treppe kann man ihn geradeklopfen. Er ist immer so im Zickzack gebogen. Du musst den Draht mal so rum und mal so rum drehen und dann mit dem Stein draufhauen, bis er gerade ist.«

»Ich könnte die Kombizange und einen Hammer von meinem Vater besorgen«, schlägt Benjamin vor.

»Lieber nicht!«, sagt Felix. »Dann merkt deine Mutter, was du vorhast, und dann musst du dich erst umziehen, damit kein Rost an deine Hose kommt, oder du darfst es am Ende gar nicht. Dabei ist der Draht kaum rostig.«

»Okay«, nickt Benjamin. Das sieht er ein. Er macht sich an die Arbeit. Es geht wirklich besser, als er gedacht hat.

»Benjamin!« Seine Mutter schaut aus dem Fenster.

»Da bist du ja! Und ich wundere mich die ganze Zeit, dass die Kinderstunde heute so lange dauert! Komm rein! Es gibt gleich Essen. Was machst du überhaupt da?«

Ehe Benjamin im Hausflur verschwindet, ruft Felix ihm nach: »Nach dem Essen bei uns im Garten!«

Benjamin sitzt auf dem Apfelbaum und zieht am Draht. Felix ruft von seinem Fenster aus: »So ist es gut! Jetzt mach ihn fest!« Benjamin nimmt den Hammer und den Haken aus der Tasche, den ihm Felix gegeben hat. Während Pascal das andere Ende des Drahtes anspannt, setzt Benjamin den Haken über den Draht auf dem dicken Ast und schlägt ihn ein.

Das heißt – er will ihn einschlagen. Aber er haut sich auf den Finger. Nur mit Mühe schafft er es, nicht loszubrüllen. Er nimmt zwei andere Finger und versucht es noch einmal. Jetzt sitzt der Haken fest, er braucht ihn nicht mehr zu halten. Ein paar kräftige

Schläge mit dem Hammer, von denen die meisten auch treffen, und der Draht ist fest.

Nun rennt Benjamin in sein Zimmer und lässt den Bindfaden herunter, den er schon vorbereitet hat. Pascal bindet ihn unten mit dem Drahtende zusammen, und Benjamin zieht ihn wieder hoch. Mit einem zweiten Haken befestigt er den Draht am Fensterrahmen.

Felix steht jetzt unter dem Fenster. »Ich will nicht extra zu euch hochkommen. Das kannst du auch. Mach das Ende an der unteren Schraube fest. Richtig dicht, dass der Strom durchfließt. Keine Angst, es ist ja nur Schwachstrom.«

Benjamin ist unheimlich stolz. Der große Felix traut ihm zu, alleine den Kontakt herzustellen! Er legt den Draht an der Wand entlang bis zu der Zigarrenkiste, in der Felix die technischen Geräte untergebracht hat. Richtig verlegen und befestigen kann er die Leitung ja später.

»Hast du's?«, ruft Felix.

»Gleich!«

Felix schickt seinen Bruder in ihr Zimmer. »Drück mal oben auf den schwarzen Knopf in der Mitte.«

Jetzt hat Benjamin den Kontakt hergestellt. Stolz geht er ans Fenster und ruft: »Alles klar!«

»Rrrrrr.« Es läutet! Im ersten Augenblick schreckt

Benjamin zusammen, so laut ist die Klingel. »Es funktioniert!«

»Ich hör's«, antwortet Felix gelassen. »Warum sollte es auch nicht? Ich hab's doch konstruiert!«

Und ich habe mitgearbeitet, denkt Benjamin. Und er weiß es genau: Wenn er erwachsen ist, wird er Elektroingenieur.

Es ist dunkel geworden.

»Macht's gut, ihr beiden!«, sagt Benjamin leise in das Mikrophon. Seine Mutter darf nicht hören, dass er so spät noch mit den Nachbarjungen durch sein Telefon spricht. Er nimmt den Kopfhörer ab, den er sich von der Stereoanlage seines Vaters ausgeliehen hat. Der ist auf einer Dienstreise. Wenn er wieder da ist, muss sich Benjamin wohl eine andere Lösung überlegen. Er schiebt die Zigarrenkiste samt Zubehör und Leitungen unter sein Bett.

Zufrieden dreht er sich um. Es ist einfach toll, so vom Bett aus mit den Freunden sprechen zu können!

Bald schläft er ein. Wie lange er geschlafen hat, weiß er nicht, als ihn ein merkwürdiges Geräusch weckt. Ein Klappern kommt vom Fenster her. Draußen heult ein Sturm. Aber Sturm klappert ja nicht, er lässt höchstens Gegenstände klappern.

Der Draht!

Gerade will er aufstehen und nachsehen, da kommt seine Mutter herein.

»Mama?«

»Du bist wohl auch wach, Benjamin? Was ist denn das für ein Geräusch? Es scheint von hier zu kommen.«

»Ach«, versucht Benjamin zu beschwichtigen, »nichts Schlimmes.«

»Weißt du denn, was es ist?«

»Ja, ja, das ist nur unsere Telefonleitung. Wir haben da noch so einen Draht gespannt. Felix hatte kein isoliertes Kabel mehr, und den Draht konnten wir nicht am Boden verlegen. Wir haben ihn zu dem Apfelbaum gespannt und dann an mein Fenster.«

Benjamins Mutter ist entsetzt. »Was? Einen Draht habt ihr durch die Luft gespannt? Lass mich sehen!« Sie schaltet das Licht an, so dass Benjamin geblendet die Augen zukneift, und geht ans Fenster. »Bist du denn noch zu retten? Klopfst einfach einen Nagel in den Fensterrahmen! Wenn das Papa sieht!«

»Ach, Mama, der eine Nagel!«

»Kein Wunder, dass das klappert, bei dem Sturm! Mach das wieder ab!«

»Ab? Unmöglich, Mama! Bitte! Ich hab mich so gefreut, dass es klappt. Ich kann mit Felix und Pascal telefonieren.«

»Aber bei dem Krach kann doch kein Mensch schlafen!«

»Der Sturm hört sicher bald wieder auf. Bitte, Mama!«

Benjamins Mutter sieht, wie ernst es ihrem Sohn ist. Na ja«, meint sie, »wenn dir der Draht so wichtig ist ... Wenn Papa kommt, weiß er vielleicht, wie man das Geräusch verhindern kann. Also lass es meinetwegen heute so.«

»Vielen Dank, Mama!«

Die Mutter gibt Benjamin noch einen Kuss. »So, jetzt schlaf aber!« Dann geht sie. In der Tür dreht sie sich nochmal um. »Ist das überhaupt erlaubt, so eine Leitung zu spannen?«

»Äh, weiß ich nicht. Glaub schon.«

»Gute Nacht!« Die Mutter macht das Licht aus und schließt die Tür. Jetzt kann Benjamin nicht mehr einschlafen. Erstens, weil er Angst hat, sein Vater könnte etwas gegen das Telefon haben, und zweitens, weil der Draht immer lauter klappert.

Benjamins Mutter muss wohl wieder eingeschlafen sein, denn sie kommt nicht noch einmal, um sich über das lauter werdende Geräusch zu beschweren.

Plötzlich wird das Zimmer von einem Blitz erhellt. Der Donner folgt kurz darauf.

Da schießt Benjamin ein Gedanke durch den Kopf:

Wenn der Blitz in unseren Draht einschlägt! So ein langer, dicker Draht, hoch durch die Luft gespannt! Vor Angst kriegt er einen ganz heißen Kopf. Da – wieder ein Blitz und ein dunkel krachender Donner.

Was mache ich nur?, überlegt Benjamin. Am Ende geht unser ganzes Haus in Flammen auf, und ich bin schuld!

Mama fragen? Die wird natürlich gleich sagen, ich soll den Draht abmachen. Wenn es nun aber gar nicht gefährlich ist, und morgen schimpft Felix oder lacht mich aus?

»Lieber Gott, sag mir doch, was ich machen soll! Und lass bitte keinen Blitz in meinen Draht einschlagen!«

Erst nachdem Benjamin das gesagt hat, merkt er, dass es ja ein Gebet war. Wie kommt er denn darauf zu beten? Das macht er doch eigentlich nie! Sicher, weil er jetzt in Not ist. *»Rufe mich an in der Not.«* So hieß das doch heute morgen, oder? *»Rufe mich an«* – die himmlische Telefonnummer. Wie war die noch gleich? Im Psalm irgendwo.

Egal! Jetzt will er Gott anrufen. Richtig beten.

»Lieber Gott, hilf mir! Sag mir, was ich machen soll. Und lenke die Blitze bitte woanders hin und nicht in unsere Telefonleitung. Ach ja, noch was, lieber Gott: Ich finde es schön, dass ich mit dir telefonieren

... äh, ich meine, dass ich mit dir sprechen kann. Vielen Dank auch. Amen.«

Benjamin hat auf dem Bett gesessen, jetzt legt er sich wieder hin. Er ist schon viel ruhiger, Aber dann richtet er sich wieder auf. Er hat eine Idee. Telefonieren! Das war das Stichwort. Wozu hat er denn ein Telefon!

Er klingelt bei Felix. Eine Weile dauert es, bis sich der große Freund verschlafen meldet. »Du spinnst wohl! Mitten in der Nacht anzurufen! Du weckst unsere ganze Familie auf! Und dann verbieten sie noch das Telefon!«

»Was Wichtiges, Felix! Unser Draht!«

»Was ist damit?«

»Das Gewitter! Wenn der Blitz einschlägt!«

In diesem Moment ist es in beiden Zimmern taghell. Der Donner kracht ohrenbetäubend.

»Benjamin, bist du noch dran?«

»Ja.«

»Hör zu! Hol dir aus dem Werkzeugkasten deines Vaters eine Kombizange und kneif den Draht ab! Ich mache das auf unserer Seite auch. Ich weiß zwar nicht, ob es wirklich gefährlich ist, aber sicher ist sicher.«

Benjamin steigt leise in den Keller, wo das Werkzeug ist. »Eigentlich schade«, denkt er, als er im Werkzeugkasten die Zange sucht.

»Jetzt kann ich Felix und Pascal nicht mehr anrufen. Aber Gott kann ich ja noch anrufen. Auch ohne Draht. Und sogar bei Gewitter.«

Eine schreckliche und schöne Nacht

Plötzlich ist Larissa wach.

Während der ganzen Fahrt hat sie auf dem Rücksitz fest geschlafen. Die Wärme im Auto, das gleichmäßige Brummen des Motors und die leichten Schaukelbewegungen hatten sie schläfrig gemacht. Und inzwischen ist es sowieso Nacht. Jetzt würde sie auch zu Hause schon schlafen.

»Wir fahren ja gar nicht mehr, denkt Larissa, als sie aufwacht. Sie reibt sich die Augen. »Was ist denn, Papa? Sind wir da?«

»Nein«, antwortet ihr Papa und hantiert am Schlüssel herum. Er versucht den Motor anzulassen, aber der gibt keinen Laut von sich.

»Mist!«

Larissa spürt, dass ihr Papa sich ärgert, und fragt lieber nicht weiter. Papa probiert noch ein paar Mal, den Motor zu starten. Dann steigt er unter leisem Schimpfen aus. Draußen regnet es in Strömen. Im Nu ist er nass. Er geht nach vorn und öffnet die Kühlerhaube. Larissa hört, dass er darunter hantiert.

Nach einer Weile wird die Kühlerhaube zugeklappt. Als Papa sich wieder auf dem Fahrersitz niederlässt, bringt er einen Schwall Kälte und Nässe mit. »Mist!«, schimpft er noch einmal und haut mit den Fäusten aufs Lenkrad.

»Haben wir eine Panne?«, fragt Larissa leise.

Ihr Papa dreht sich um. »Wir haben ein ziemlich großes Problem, Larissa«, sagt er. »Ich kriege die Karre nicht wieder an. Und ich weiß überhaupt nicht, was kaputt ist, weil ich in der Dunkelheit nichts sehen kann.«

»Und was machen wir jetzt?«

»Das ist eine gute Frage! Ich weiß es nicht! Hätte ich bloß dich und das Baby zu Hause gelassen!«

»Aber ich will doch auch Mama in ihrer Kur besuchen!«

Papa sagt nichts und wendet sich wieder nach vorn. Eine Weile blickt er stumm auf die Windschutzscheibe, gegen die der Regen prasselt. Dann murmelt er vor sich hin: »Auf dieser Nebenstraße durch den Wald, mitten in der Nacht, da wird so bald keiner vorbeikommen. Und wenn, kann's sein, dass er gar nicht anhält. Aus Angst. Und weil es so regnet.«

Wieder herrscht bedrücktes Schweigen. Larissa fröstelt, weil die Heizung nur arbeitet, wenn der Motor läuft. Das Baby neben ihr im Oberteil des Kinderwagens schläft ruhig und atmet kaum hörbar.

»Hör zu, Larissa«, sagt Papa schließlich. Ich muss gehen und irgendwo ein Telefon suchen. Es hilft alles nichts. Nass bin ich sowieso schon. Du bleibst hier und ...«

»Nein, Papa!«, ruft Larissa entsetzt.

»Nicht so laut! Du weckst ja das Baby!«

»Ich bleibe nicht allein hier! Ich habe Angst!«, stößt Larissa leiser, aber immer noch heftig hervor.

Ihr Papa dreht sich um und sieht sie traurig an. Beim schwachen Innenlicht des Wagens ist es aber schwierig, überhaupt etwas zu erkennen. »Sieh mal, Larissa, drei Möglichkeiten gibt es. Entweder ich gehe alleine, oder du gehst mit. Aber dann ist das Baby alleine, und das geht nun wirklich nicht. Stell dir vor, es wacht plötzlich auf, und niemand ist da! Und die dritte Möglichkeit wäre, dass wir dein Brüderchen mitnehmen. Aber es würde dabei völlig nass werden und sich erkälten. Außerdem hätten wir dann ziemlich viel zu tragen. Nein, nein, es geht nur so, dass ich mich allein auf den Weg mache.«

Das sieht Larissa ein. Ganz klar, so ist es das Beste. Aber Angst hat sie trotzdem.

»Du bist doch sonst so mutig, Larissa! Was meinst du, wie stolz Mama auf dich ist, wenn ich ihr erzähle, dass du allein in der Nacht auf unser Baby aufgepasst hast!«

Larissa nickt ganz schwach.

Der Vater steigt aus und holt aus dem Kofferraum

eine alte Wolldecke. Er öffnet die hintere Tür und deckt seine Tochter zu. »So, die Decke ist zwar ein bisschen dreckig, aber das ist jetzt nicht so wichtig. Hauptsache, du frierst nicht.«

»Beeilst du dich, Papa?«

»Natürlich! Ich komme so schnell ich kann wieder. Wir machen überall an den Türen die Verriegelung zu, dann kann keiner rein, den du nicht reinlässt. Ich hab ja den Schlüssel, falls du schläfst, wenn ich zurückkomme. Das Licht machen wir am besten aus, dann sieht euch niemand.«

Papa schaltet das Innenlicht aus und schiebt die Türriegel zu. »Keine Angst, mein Schatz, es passiert nichts! Komm, du kriegst noch einen Kuss!«

Larissa kriegt ein ganz nasses Gesicht, als ihr Papa sie küsst, und aus seinen Haaren tropft das Regenwasser auf ihre Schulter.

»Mach's gut, Papa.«

»Mach's gut! Und sei tapfer!« Papa schlägt die Tür zu. Larissa kann in der Dunkelheit und durch die regennasse Scheibe kaum erkennen, dass er noch winkt. Dann geht er.

Larissa ist alleine.

Das heißt, ihr Brüderchen ist natürlich noch da. Aber das kann ja nicht reden und sie erst recht nicht beschützen.

Der Regen prasselt laut auf das Autodach. Sonst ist nichts zu hören. Larissa lauscht angestrengt. Mal schwillt der Regen an, dann hört sich das Prasseln richtig unheimlich an. Mal lässt er etwas nach, dann hofft Larissa, dass er bald ganz aufhört. Aber das tut er nicht.

Was war das? Ein lautes Knacken hat sie erschreckt. Larissa weiß nicht, dass es vom Motor kommt, der langsam kalt wird. Jetzt bekommt sie erst richtig Angst.

Da – etwas Helles!

Irgendwo da vorne ist wohl ein Auto auf einer anderen Straße vorbeigefahren. Larissa beugt sich zum Baby hinüber. Es atmet ruhig und gleichmäßig.

Kalt wird es. Larissa kommt es vor, als hätte ihr Papa das letzte bisschen Wärme mit sich aus dem Auto fortgenommen. Sie kuschelt sich tiefer in die Decke, obwohl sie so muffig riecht.

Da – wieder Knacken! Geht draußen jemand? Angst kriecht ihr den Nacken herauf. Für einen Moment hält sie den Atem an. Aber jetzt ist nichts mehr zu hören, nur das Prasseln und Rauschen des Regens.

Die Fenster sind inzwischen ganz beschlagen. Larissa kann nicht mehr nach draußen sehen. Aber es ist ja sowieso dunkel, und auch vorher hat sie kaum etwas erkennen können.

»Du hast's gut!«, denkt Larissa und schaut zu ihrem kleinen Bruder hinüber. Nur die Umrisse seines Kopfes kann sie in der Dunkelheit sehen.

Du hast's gut! Kannst schlafen und brauchst keine Angst zu haben! So ruhig und geborgen wie du, das wäre ich jetzt auch gern!

Auf einmal ist der Gedanke da.

Warum eigentlich nicht? Warum sollte ich nicht geborgen sein? Gott ist doch bei mir!

»Lieber Gott, sei bitte bei mir und beschütze mich!«, betet sie leise.

In der Kinderstunde hat sie es schon oft gehört: Gott ist immer bei uns, auch wenn wir ihn nicht sehen. Viele Geschichten aus der Bibel hat Larissa schon erzählt bekommen, in denen davon die Rede war.

Aber von etwas hören und es selbst erleben sind zwei verschiedene Dinge. Gewusst hat Larissa schon lange, dass Gott alle Menschen liebt und seine Hand über sie hält. Aber jetzt spürt sie es auf einmal.

Ja, Gott ist da! Er bewahrt mich! Um mich herum ist er, und nichts Böses kann an mich heran. In mir drin ist er sogar, und die Angst hat da auf einmal keinen Platz mehr. Sie muss verschwinden. Überall ist er, und er hat mich so lieb! Er ist stärker als jede Gefahr.

Richtig fröhlich wird Larissa auf einmal. Ganz

erleichtert, ganz geborgen fühlt sie sich. Sie hätte nie gedacht, dass sie sich einmal so froh fühlen könnte. Schon gar nicht allein in einem unbekannten Wald im kalten Auto bei strömendem Regen in einer dunklen Nacht.

Aber es ist wirklich so. Glücklich ist Larissa. Glücklicher als zu Hause beim Spielen im warmen Kinderzimmer. »Ich danke dir, lieber Gott! Ich danke dir für deinen Schutz. Ich danke dir, dass ich in deiner Hand bin, und mein Brüderchen auch!«

Larissa schläft ein.

Fast eine Stunde dauert es, bis ihr Papa zum Auto zurückkehrt. Als er die Tür aufschließt, wundert er sich, dass seine Tochter die Hände auf der alten Autodecke gefaltet hat und im Schlaf lächelt.

»Wach auf, mein Schatz! Komm, umsteigen!«

Larissa schreckt hoch.

Eine Frau steht neben Papa und hält einen Schirm über ihn und sich. »Komm mit, in meinem Auto ist es warm!«, sagt sie freundlich. Larissa steigt aus, und der Vater nimmt die Decke. Dicht gedrängt unter dem Schirm laufen sie zum Auto der Frau.

Papa stellt das Oberteil des Kinderwagens mit dem Baby auf den Rücksitz und schnallt es fest. Ein paar Tropfen sind dem Kleinen aufs Gesicht gefallen, er rümpft kurz die Nase, schläft aber weiter.

Jetzt sitzen alle im Auto. »Frau Ziegler hat eine kleine Pension«, erklärt Papa. »Dort können wir übernachten. Sie war so freundlich, mich herzubringen.«

Larissa nickt nur.

»War es schlimm, mein Schatz?«

»Nein«, antwortet Larissa, »eigentlich nicht. Am Anfang schon, aber dann war es schön.«

»Schön?«, fragt Papa erstaunt.

»Ja«, nickt Larissa, »sehr schön.«

Das Gelübde

Robin rennt schnell aus dem Bad, um wieder zu seinem Spiel zu kommen. Dabei bleibt er mit dem Fuß an dem Schlauch hängen, der von der Waschmaschine zum Waschbecken führt, und reißt ihn herunter. Gerade als Robin ihn aufheben will, kommt ein Schwall von Seifenbrühe heraus und setzt im Nu das ganze Bad unter Wasser.

»Mama! Mama!«, ruft Robin laut, während er das Schlauchende zu packen versucht. Aber es rutscht ihm aus der Hand. Noch mehr Wasser läuft heraus.

Seine Mutter ist gerade draußen, um die Wäsche vom vorigen Waschgang aufzuhängen. Sie hört den Hilferuf und kommt schnell angerannt.

»Ach du Schreck!«, ruft sie, als sie ins Bad kommt. Robin hat den Schlauch inzwischen wieder ins Waschbecken gehängt. Die Mutter springt vor und will den Putzeimer holen. Aber der Boden ist von der Seifenbrühe glitschig. Sie rutscht aus und fällt hin. Dabei schlägt sie mit dem Kopf an die gekachelte Wand. Wie leblos sackt sie zusammen und bleibt liegen.

Mit weit aufgerissenen Augen starrt Robin auf seine Mutter. Einige Sekunden lang tut er überhaupt nichts. Er ist so entsetzt, kein einziger Gedanke kommt ihm in den Kopf. Schließlich beugt er sich über seine Mutter. »Mama! Mama!«, ruft er laut, aber sie antwortet nicht.

Jetzt fällt ihm doch ein, was er tun muss. Er rennt schnell aus dem Haus und zu den Nachbarn hinüber.

»Frau Leininger! Hilfe! Frau Leininger! Meine Mama ist tot!«

»Was?«

»Glaube ich jedenfalls. Kommen Sie schnell!« Die Nachbarin schaltet sofort ihren Herd ab und rennt los. »Wo ist deine Mutter?« Robin kann nur stumm zum Haus hinüber zeigen. Frau Leininger läuft hin, und Robin folgt ihr. »Im Bad!«, ruft er hinter ihr her.

Als er ankommt, hat die Nachbarin seine Mutter schon anders hingelegt. Jetzt rennt sie zum Telefon und ruft den Notarzt. Robin sinkt neben seiner Mutter auf die Knie und weint.

Es ist Abend. Robins Mutter liegt in ihrem Bett, der Vater sitzt auf dem Bettrand, hält ihre Hand und streichelt sie.

Auf der anderen Seite sitzt Robin. »Ich bin so froh, dass du nicht gestorben bist, Mama«, sagt er leise.

Seine Mutter wendet den Blick von ihrem Mann zu ihrem Sohn hinüber und lächelt. »So leicht stirbt man nicht«, sagt sie mit schwacher Stimme.

»Aber so leicht bekommt man eine Gehirnerschütterung«, sagt der Vater, »und das ist auch keine Kleinigkeit. Jetzt werden wir beide, Robin, die Mama erst mal eine Weile schonen müssen.«

»Na klar!«, sagt Robin leise.

»Du brauchst wirklich nicht traurig zu sein«, lächelt seine Mutter. »Wir können Gott danken, dass es nicht schlimmer gekommen ist.«

Robin nickt nur.

Sein Vater reicht mit dem Arm über das Bett und fährt ihm mit der Hand durch die Haare. »Dir steckt wohl noch der Schreck in den Gliedern, wie? Oder warum weinst du jetzt? Freu dich doch!«

Aber da weint Robin noch mehr. Er schluchzt richtig laut.

»Na, na, was ist denn los, mein Junge?«, fragt sein Vater, steht auf, kommt um das Bett herum und setzt sich neben Robin. Er legt ihm den Arm um die Schultern. »Du hast doch keine Gehirnerschütterung, sondern Mama!«

»Das ist es ja gar nicht!«, schluchzt Robin.

»Sondern? Was denn?«, fragt Papa und reicht seinem Sohn ein Papiertaschentuch.

Der trocknet sich die Tränen ab, putzt sich umständlich die Nase und berichtet dann: »Wie Mama dalag, und ich dachte, sie wäre tot, und ich wäre schuld, weil ich den Schlauch ... und da hab ich ... gebetet hab ich da.« Und wieder schießen Tränen aus seinen Augen.

»Das ist doch kein Grund zu weinen, wenn du gebetet hast«, meint die Mutter. »Im Gegenteil, es ist gut, und anscheinend ist dein Gebet auch erhört worden.«

Robin lässt sich wieder Zeit mit dem Taschentuch. Schließlich hat er sich so weit gefasst, dass er weitererzählen kann. »Ich habe Gott versprochen, wenn er dich wieder lebendig macht, wollte ich ... ja, siehst du, das weiß ich eben nicht mehr. Und darum muss ich weinen. Ich hab's total vergessen, was ich Gott versprochen habe. Dabei war's was ganz Wichtiges. Ich glaube, ich hab' ihm versprochen, ich wollte Missionar werden. Aber ich weiß nicht mehr wo, ob in Indien oder in Afrika. Ich weiß noch nicht mal genau, ob's das war.«

»Ach, Robin!«, sagt sein Vater. »Du warst so aufgeregt in dem Moment, da hast du dir gar nicht richtig überlegt, was du sagst. Darum hast du's ja auch vergessen. Jetzt kannst du ruhig auch vergessen, dass du Gott etwas versprochen hast!«

»Was?« Robin hebt ruckartig den Kopf und schaut seinen Vater entsetzt an. »Das war ein Geblü.... Ge... wie heißt das?«

»Ein Gelübde«, hilft seine Mutter.

»Genau! Das darf man nicht brechen!«

Sein Vater räuspert sich und schaut die Mutter an. Beide schmunzeln. »Da gibt es nichts zu schmunzeln«, denkt Robin empört.

»Hör mir mal gut zu, mein Junge«, sagt der Vater jetzt.

Robin will zuhören, aber der Vater sagt gar nichts. Jedenfalls eine ganze Weile. Schließlich fragt er: »Du wolltest also Gott einen Tauschhandel anbieten?«

»Wie – Tauschhandel?«

»Nun, du hast gesagt: Gott, wenn du Mama lebendig machst, dann biete ich dir was dafür. Das ist doch ein Tauschhandel.«

»Ja, kann sein«, meint Robin, »aber ich weiß nicht mehr ...«

»Das lassen wir jetzt mal beiseite!«, unterbricht ihn sein Vater. »So ein Handel mit Gott ist keine gute Sache.«

»Nicht?«, fragt Robin verwundert.

»Aus zwei Gründen: Erstens können wir Gott einfach bitten. Wenn es eine gute Bitte ist, wird er sie erhören. Da brauchen wir ihm nichts als Gegenleistung zu bieten. Im Gegenteil, er ist traurig, wenn wir nicht zu ihm kommen mit unserer Not, sondern ihm stattdessen ein Geschäft vorschlagen.«

»Meinst du?«, fragt Robin leise.

»Ganz bestimmt. Denn Gott hat dich lieb, so wie zum Beispiel Eltern ihre Kinder lieb haben. Stell dir vor, für jedes Stück Brot, das du bei uns essen möchtest, würdest du uns eine Bezahlung anbieten!«

»Eine Familie ist doch kein Restaurant«, ergänzt die Mutter. Robin nickt.

»Und zweitens«, fährt sein Vater fort. »Wenn du schon mit Gott einen Tauschhandel machen wolltest, müsstest du ihm ja etwas anbieten, das er auch will. Aber woher willst du in dem Moment wissen, was Gott von dir will? Vielleicht hat er vor, dich zu einem guten Schreiner oder Ingenieur oder Lehrer zu machen, aber du hast in einem unüberlegten Augenblick gesagt, du wolltest Missionar werden. Oder Gott überlegt: Eigentlich wollte ich den Robin als Missionar zu den Eskimos schicken. Aber nun will er unbedingt nach Afrika. Was mache ich da bloß?«

Robin lächelt. Das leuchtet ihm ein, was sein Vater da sagt, und er fühlt sich ein bisschen beschämt, aber auch erleichtert.

»Ich schlage vor, wir überlassen das alles Gott«, sagt schließlich Robins Mutter, die schon wieder ein wenig mehr Farbe im Gesicht hat.

»Und ihm überlassen wir es auch, dass er Mama

wieder gesund macht«, ergänzt der Vater. »Und was aus deinem Leben einmal werden soll. Einverstanden?«

Robin nickt.

»So, und nun lassen wir Mama endlich schlafen und machen noch ein Spiel zusammen. Wenn Gott unser Leben in der Hand hat, müssen wir uns ja nicht den ganzen Abend den Kopf zerbrechen.«

Auf der Kirmes

Es ist viel Betrieb auf dem Kirmesplatz. Leute drängen sich dicht an dicht, sie reden, lachen und rufen laut. Aber noch lauter sind die Stimmen und die Musik, die aus den vielen Lautsprechern dringt.

Die kleine Emily findet alles hier interessant, aber auch ein bisschen unheimlich. Ganz fest hält sie darum die Hand ihrer großen Schwester Carolin.

Eine Weile schauen die beiden dem Karussell zu, dann gehen sie zum Schützenstand. Aber da ist es langweilig, und so zieht Emily ihre Schwester zu der Riesenschaukel hinüber.

Auf einmal steht da ein großer Mann. »Hallo, Carolin!«, sagt er.

»Ach Herr Dreier, guten Tag!«, antwortet Carolin.

»Das ist wohl deine kleine Schwester? – Wie heißt du denn?«

»Emily«, sagt die Kleine. Während sich Carolin mit dem fremden Mann unterhält, sieht Emily sich um. Wie hoch die Schaukel fliegt! Da würde sie sich nicht reinsetzen! Hier vorn wird an einem Stand Eis angeboten. Emily läuft das Wasser im Mund zusammen.

»Du, Carolin, wie viel Geld hast du noch? Reicht's für ein Eis?«

»Warte doch! Ich unterhalte mich gerade!«, sagt Carolin.

»Deine Schwester hat Recht«, meint der Mann. »Ein Eis wäre jetzt genau das Richtige! Kommt, ich spendiere euch eins!«

Sie gehen zum Eiswagen. Als der Fremde fragt, was für ein Eis Emily haben will, schaut sie ihn nur an und sagt nichts.

Carolin spricht, für sie: »Emily mag Himbeer und Vanille.«

Der Mann kauft das Eis, drückt es den Schwestern in die Hand und verabschiedet sich dann. »Ich muss weiter. Also, Carolin, dann mach's gut, bis nächsten Sonntag!«

»Auf Wiedersehen, Herr Dreier, und vielen Dank für das Eis!« Carolin beginnt eifrig zu lecken. »Nun iss doch dein Eis, Emily! Es läuft gleich!«

Aber Emily schüttelt nur den Kopf.

»Was ist denn? Träumst du?«

»Lass uns zu Mama gehen!«

»Ja, gleich, aber iss erst dein Eis!"

Wieder schüttelt Emily den Kopf. »Ich muss erst Mama fragen.«

»Mama fragen? Was denn?«

Emily guckt auf ihr Eis, das sich schon verformt.

»Mama hat gesagt, ich soll nichts von fremden

Männern annehmen. Keine Bonbons, keine Schokolade und kein Eis.« Eine hellrote Spur läuft über ihren Handrücken.

»Du spinnst! Das ist doch kein fremder Mann! Das war doch Herr Dreier, der hält die Kinderstunde. Da war ich schon ein paar Mal!«

»Trotzdem! Ich kenne ihn doch nicht!«

»Ich aber!«

»Ich aber nicht!«

Carolin ärgert sich über ihre dumme und dickköpfige kleine Schwester.

»Dann komm aber schnell!«

Warum soll sie sich mit der Kleinen rumstreiten? Sie überzeugt sie wahrscheinlich sowieso nicht. Also bringt sie sie eben wieder zu den Eltern zurück. Das dauert aber doch länger, als sie angenommen hat. Emilys Hand ist inzwischen rundum von Eis verschmiert. Die zwei Eiskugeln auf der Waffel sind schon nicht mehr als Kugeln zu erkennen.

Carolin zieht ihre Schwester verärgert hinter sich her. Dort, wo die Leute zwischen den Buden ganz dicht stehen, ist das schwierig.

»Pass auf, Kleines!«, ruft eine Frau. »Du schmierst ja den Leuten dein Eis an die Kleider!«

Endlich haben sie es geschafft. Dort drüben stehen die Tische, wo auch ihre Eltern sitzen.

»Komm, Emily, da rüber!« Sie gehen um die Tische herum und stehen schließlich vor Papa und Mama.

»Ach, da seid ihr ja«, stellt Papa fest. »Seid ihr Karussell gefahren?«

»Nein, wir haben ...«, beginnt Carolin, aber da wird sie schon von ihrer Mama unterbrochen:

»Emily! Wie siehst du denn aus! Dein T-Shirt! Wirf den Rest von dem Eis gleich da drüben in den Abfallkorb! Aber halte die Hand weit von dir!«

Emily ist dem Heulen nah. Sie streckt den Arm weit vor sich her, geht zu dem Abfalleimer und lässt die Eistüte hineinfallen.

Ihre Mama hält schon einige Papiertaschentücher bereit, als Emily zurückkommt. »Zeig her! Da reichen ja alle meine Taschentücher nicht. Wir müssen an einen richtigen Wasserhahn. Da an der Jeans hast du dich auch bekleckert! – Carolin, hättest du denn nicht aufpassen können?«

Carolin verteidigt sich: »Ich hab ihr ja gesagt, sie soll es gleich essen. Aber sie wollte euch erst um Erlaubnis fragen!« Und dann erzählt sie die ganze Geschichte.

Papa muss laut lachen. »Und weil du erst fragen wolltest, ist inzwischen alles geschmolzen?«

Emily nickt. Sie hat einen Kloß im Hals, kein Wort

kriegt sie heraus. Das Eis ist weg, ihre Kleidung klebt, sie ärgert sich über sich selbst und alle Welt.

»Wir erlauben es dir! Du darfst das Eis essen!«, sagt Papa und lacht laut los. Auch Mama muss schmunzeln, und endlich können auch die beiden Kinder über die Sache lachen.

Plötzlich steht Herr Dreier da. »Na, Carolin, was gibt's denn so Lustiges? – Guten Tag! Sie sind die Eltern von Carolin, nehme ich an?«

»Schumann«, stellt der Vater sich und seine Familie vor.

»Dreier. Carolin ist bei mir in der Kinderstunde.«

»Ach, dann sind Sie wohl der Übeltäter?«, lacht Papa.

»Übeltäter?«

»Setzen Sie sich zu uns! Ich erzähle Ihnen die Geschichte.«

Herr Dreier setzt sich auf einen freien Stuhl, während die Mutter und Emily sich auf die Suche nach einem Wasserhahn begeben. Papa erzählt, was passiert ist, und auch Herr Dreier muss lachen.

Als Mama und Emily zurückkommen, sind das T-Shirt und die Jeans zwar feucht, aber nicht mehr rosa und klebrig.

»So, Emily«, sagt Papa, »nun setz dich mal auf meinen Schoß. Dann erkläre ich dir, wie das mit den Süßigkeiten ist, die fremde Männer kleinen Mädchen schenken.« Emily nickt und rutscht auf Papas Beine. »Manche Menschen haben ja tatsächlich etwas Böses vor. Sie wollen aber nicht, dass die Kinder das merken. Deshalb schenken sie ihnen etwas Süßes und hoffen, dass die Kinder ihnen dann vertrauen. Du hast also eigentlich richtig gehandelt. Wir haben jetzt nur gelacht, weil Herr Dreier gar kein Fremder ist. Carolin kennt ihn ja. Und außerdem wäre es natürlich besser gewesen, das Eis erst gar nicht zu nehmen, wenn du's schon nicht essen wolltest. Alles klar?«

Emily nickt.

»Nick doch nicht immer nur, sondern sag auch mal was! Herr Dreier denkt sonst, du könntest nicht sprechen!«

»Alles klar«, sagt Emily leise und lächelt zaghaft.

Herr Dreier beugt sich über den Tisch. »Dann will ich euch auch noch was erzählen, Emily und Carolin. Wir Leute von der Kinderstunde haben da drüben einen Stand aufgebaut, um möglichst viele Kinder einzuladen. Aber leider nehmen viele unsere Einladungszettel gar nicht an. Als dein Papa mir eben die Geschichte von dem Eis erzählt hat, musste ich denken, wie viele Menschen es mit Gottes Liebe so ähnlich machen wie du mit deinem Eis, Emily.

Gott will unser Freund sein, wir dürfen zu ihm beten, er hilft uns gerne und hat uns lieb. Die Menschen haben davon gehört, und irgendwie möchten sie es auch haben. Aber sie trauen sich nicht, es anzunehmen.«

Herr Dreier lehnt sich zurück. »Schade um das Eis. Aber so schlimm ist das nun auch wieder nicht. Viel trauriger ist es, wenn die Menschen Gottes Liebe nicht annehmen wollen.«

»Sagen Sie mal, Herr Dreier«, fragt der Vater, »wie alt sind denn die Kleinsten in der Kinderstunde?«

»Emily könnte auch kommen. In die Gruppe für die Jüngsten.«

»Deswegen frage ich. Hättest du Lust, mit Carolin am nächsten Sonntag hinzugehen?«

Wieder nickt Emily.

»Ich freu' mich schon drauf!«, sagt Herr Dreier, holt ein Zweieurostück aus der Tasche und legt es vor Carolin auf den Tisch. »Sei doch so gut, Carolin, und hol deiner Schwester ein Eis da drüben. Ich glaube, sie haben dort verpacktes. Als Ersatz für das geschmolzene.«

»Nein, nein, Herr Dreier!«, protestiert Papa. »Jetzt sind sie unser Gast. Bier, Kaffee oder auch ein Eis?«

Herr Dreier steckt lächelnd sein Geldstück wieder ein. »Ein Eis.«

Papa reicht Carolin sein Portemonnaie. »Bring fünf Stück. Für jeden eins!«

Ein Leuchten breitet sich auf Emilys Gesicht aus. Sogar den Fremden lächelt sie an.

David möchte ein Held sein

Auf seinem Weg zur Schule kommt David durch einen Park. Da ist die Gelegenheit günstig. Er zieht die Schleuder aus der Hosentasche, sucht sich einen Stein auf dem Kiesweg, legt ihn in die Lederschlaufe und schleudert die Waffe um den Kopf. Aber er lässt den Stein nicht hinausschießen.

Das ist auch gut so, denn sonst hätte er leicht seine beiden Freunde treffen können, die aus dem Gebüsch auf ihn zuspringen. Leon haut sich, während er einen hohen schrillen Ton ausstößt, mit der Hand auf den Mund und ruft dabei: »Ich bin Winnetou!« Dominik schreit ein langgezogenes »Uuaaaah!«, und erklärt: »Ich bin Tarzan. Und wer bist du?«

»Ich bin David«, antwortet ihr Freund.

Die beiden lachen. »Na klar, und wir sind Leon und Dominik«, sagt Winnetou. »Aber im Spiel!«

»Na, da bin ich auch David!«, erklärt David. »Kennt ihr nicht David aus der Bibel? Der war ein größerer Held als Tarzan und Winnetou. Und außerdem gab's den wirklich!«

»Kenn ich nicht.«

»Ein größerer Held als Winnetou? Du spinnst ja!«

David zeigt seine Schleuder. »Mit so einer Schleuder hat er ganz allein einen Riesen erledigt. Dabei war er da noch klein.«

Leon tippt sich an die Stirn. »Einen Riesen! Die gibt's doch nur im Märchen! Und der soll wirklich gelebt haben?«

»Na klar, der Goliath. Und dann hat er ...«

»Doch!«, unterbricht Dominik. »Hab ich auch schon mal gehört: David und Goliath.«

Leon ist noch nicht überzeugt. »Und mit so 'nem Ding da ... Wie funktioniert das denn überhaupt?«

David erklärt es ihm: »Die hatten ja damals noch kein Gummi für 'ne Zwille. Die Schleuder ist sogar noch gefährlicher, wenn man's kann. Diese hat mein Vater mir gemacht. Aber ich hab ihm versprechen müssen, nur damit zu schleudern, wenn wir zusammen auf freiem Feld sind.« David nimmt den einen Strick in die ganze Hand und den anderen nur zwischen Daumen und Zeigefinger. »So. Und in das Leder legt man einen Stein. Dann schleudert man's rum, bis es richtig Fahrt kriegt, und lässt das eine Seil los. Der Stein saust ab. Es ist nur schwer, damit zu zielen.«

»Lass mich mal!«

»Aber lass den Stein nicht los!«

Leon probiert es. Die Schleuder mit dem Stein saust singend um seinen Kopf. Auf einmal fliegt das Geschoss davon.

»Oh, Mann! Das funktioniert ja wirklich!«

»Mensch! Wenn da jemand getroffen wird! Ich hab doch extra gesagt ...«

Aber die beiden Freunde rennen schon weg, und David muss sich beeilen, um hinterher zu kommen.

Auf dem Heimweg ist David bedrückt. Ja, er heißt zwar so wie damals der Held, der den Riesen erledigt hat. Aber der Name ist auch das Einzige, was er mit ihm gemeinsam hat.

Zum Beispiel der große Junge heute in der Pause. Längst nicht so groß wie Goliath. Aber David hat trotzdem gekniffen, als der sich vor ihm aufgebaut hat. Er hatte viel zu viel Angst vor einem Ringkampf, den er ja doch nicht gewinnen konnte.

Und dann, wie sie alle über ihn gelacht haben wegen einer dummen Antwort im Deutschunterricht! Der David aus der Bibel hätte sich das sicher nicht gefallen lassen!

David schreckt aus seinen Gedanken auf, als er eine Autohupe hört. Dicht am Gehweg, direkt neben ihm, hält ein Auto. Es ist Matthias, der Jungscharleiter. Er kurbelt die Scheibe herunter.

»He, David! Was grübelst du denn? Du machst ein Gesicht wie sieben Tage Regenwetter!«

»Tag, Matthias!«

»Sorgen?«

»Neee ... eigentlich nicht. Äh ... es ist nur ... ich wollte gerne ein Held sein, wie David in der Bibel, weißt du. Von dem hast du uns doch erzählt.«

»Ja. Und?«

»Es klappt nicht! Auch mit Gott klappt es nicht. Da hast du uns was ganz Falsches erzählt!«

Matthias schaut in den Rückspiegel. »Du, David, warte einen Moment! Ich kann hier nicht stehen bleiben, Halteverbot. Ich suche einen Parkplatz, und dann reden wir darüber, ja?«

»Da gibt's nichts zu reden! Es klappt eben nicht. Ich hab's ja ausprobiert.« Und damit geht David einfach weiter.

Mit gesenktem Blick und schweren Schritten stapft er Richtung zu Hause.

Als er den Park erreicht, hat er einen Entschluss gefasst: Er will doch ein Held sein! Er lässt sich nicht immer nur rumschubsen! Und sein Vater kann ihm mit seinen ewigen Verboten gestohlen bleiben! Alle hacken nur immer auf David rum! Das lässt er sich jetzt nicht mehr gefallen!

David legt einen Stein in die Schleuder und wirbelt sie herum. Wie eine Gewehrkugel pfeift der Kiesel durch die Luft und verschwindet im Laub der Bäume. Gut so! Das gibt ein befreiendes Gefühl.

David sucht einen noch dickeren Stein. Auch der schießt davon. David weiß nicht, wohin. Aber er hört etwas. Da drüben hinter den Büschen. Ein Schlag wie auf Metall. Dann aufgeregte Stimmen.

Nichts wie weg!

Da zwängt sich auch schon ein Mann durch die Sträucher. Als er den Jungen rennen sieht, weiß er, woher der Stein kam, der gerade eine große Beule in sein Auto geschlagen hat.

Held hin, Held her – hier hilft nur Wegrennen.

Der Mann ist anfangs schneller und kommt näher. Dann aber geht ihm die Puste aus.»He, du bist doch der Kleine von Walburgs!«, ruft er hechelnd. »Na, dann lauf nur! Da weiß ich ja, an wen ich mich zu wenden habe.«

David läuft weiter, obwohl der Mann stehenbleibt.

Plötzlich steht Matthias vor ihm. Fast wäre er in ihn hineingerannt. »Na, du Held, wem bist du denn auf den Fersen? Oder flüchtest du etwa vor jemandem?«

Vorher hat David nicht mit Matthias reden wollen, aber jetzt ist er doch froh, dass er da ist.

»Ich ... ich ... da ist ein Unglück passiert. Ich wollte ...«

»Komm!«, unterbricht Matthias das Gestotter. »Wir setzen uns mal da auf die Bank.«

Das tun sie, und noch ganz außer Atem erzählt David alles. Nicht nur die Sache mit dem Stein und dem Auto, sondern auch, dass er eigentlich ein Held sein will. Und dass es einfach nicht klappt.

Matthias hört sich alles an und denkt eine Weile nach. »Hm, weißt du«, sagt er dann, »heute braucht man andere Helden als damals. Du willst doch nicht im Ernst jemandem den Kopf abschlagen, oder?«

»Quatsch!«

»Na siehst du. Ein Held ist einfach einer, der seine Angst besiegt. Egal, ob in einem Kampf oder – na, zum Beispiel, wenn man sich entschuldigen muss.«

David sieht Matthias groß an.

Der lächelt. »Ja, ich meine, dass du zu dem Mann gehen solltest und ihn um Entschuldigung bitten.«

»Ich bin doch nicht verrückt! Ich ... ich ... meinst du wirklich?«

Matthias nickt. »Er reißt dir sicher nicht den Kopf ab. Und außerdem – wolltest du nicht ein Held sein wie David in der Bibel? Dem hätte Goliath ohne Weiteres den Kopf abreißen können.«

»Ich will schon«, sagt David nachdenklich, »aber ich kann nicht. Ich traue mich nicht.«

»Wir bitten Gott darum, dass du den Mut findest. Der David in der Bibel war ja auch nur so mutig, weil

Gott ihn mutig gemacht hat. Und wenn du möchtest, begleite ich dich.«

Eine Weile dauert das Gespräch noch. Dann beten die beiden. Einfach auf der Parkbank. Bei anderer Gelegenheit hätte David immer zwischendurch geschielt, ob keine Leute zugucken. Aber heute denkt er gar nicht an die Leute. Er muss Gott jetzt unbedingt bitten, dass er ihm Mut gibt.

Als die beiden auf das Haus hinter den Sträuchern zugehen, sieht der Mann sie schon durchs Fenster und kommt heraus.

»Wie kommt das denn?«, wundert er sich. »Ich habe doch eben erst mit deiner Mutter telefoniert. Sie sagte, du müsstest dich entschuldigen. Aber so schnell kannst du doch nicht hergekommen sein!«

»Ich war noch gar nicht zu Hause«, erklärt David ziemlich leise.

Matthias gibt ihm einen leichten Stoß, und David holt tief Luft: »Äh, ich wollte mich entschuldigen. Es tut mir leid. Ah, ist das Ihr Auto?«

»Guck hier! Eine tiefe Delle!« Der Mann zeigt auf das blaue Dach.

»Das wollte ich nicht! Ehrlich!«

»Wäre ja noch schöner, wenn du es extra gemacht hättest! Aber – dass du freiwillig kommst, um dich zu entschuldigen, finde ich anständig. Und mutig.«

»Gott hat mir Mut gegeben«, sagt David leise.

Der Mann guckt etwas erstaunt über sein blaues Auto hinweg die beiden an. »Gott? Na, vielleicht hat der junge Mann da auch ein bisschen mitgeholfen, wie? Na schön! Deine Mutter sagt, ihr hättet eine Versicherung, die so was bezahlt. Also hab ich nur noch den Ärger, weil ich in die Werkstatt muss. Aber wo du dich nun entschuldigt hast – vergessen wir das Ganze!«

»Das ist freundlich von Ihnen!«, bedankt sich Matthias stellvertretend für David.

Der Mann geht wieder ins Haus und dreht sich in der Tür noch einmal um. »Und, junger Mann, machen Sie dem Bub auch den nötigen Mut, wenn er seinem Vater die ganze Sache beichten muss. Seine Mutter hat mir nämlich am Telefon gesagt, dass er streng verboten hätte, mit der Schleuder zu spielen, wenn Menschen in der Nähe sind. Da wartet sicher noch eine Strafe auf dich, Kleiner!«

»Ich weiß«, antwortet David. »Aber jetzt hab ich schon nicht mehr so viel Angst.«

»Na, dann mach's gut, du kleiner Held!« Damit verschwindet der Mann in der Haustür.

David guckt Matthias an. »Hast du das gehört? Er hat Held zu mir gesagt!«

Matthias lächelt und schlägt ihm auf die Schulter.

Das fremde Mädchen

»Seid mal still, Kinder, Mutti will euch was Wichtiges sagen!«

In so ernstem Ton spricht der Vater selten. Melissa guckt ganz erstaunt, Sara hört auf zu kauen, und der Jüngste, Lennard, legt sogar seinen Löffel extra leise auf den Teller.

Es ist Montagabend. Der Vater ist erst vor einer Viertelstunde von der Arbeit gekommen.

Die Mutter beginnt: »Wir haben eine schwere Aufgabe übernommen, Vati und ich. Und es klappt nur, wenn ihr alle dabei helft.«

»Wir?«, fragt Melissa.

»Ihr erinnert euch sicher an Jana, das Pflegekind, das wir ...«

»Natürlich!«, antwortet Melissa, und Sara ergänzt: »Meinst du, wir hätten sie vergessen? Zu ihrem Geburtstag ...«

Aber die Mutter will gar nicht von Jana reden. »Gestern hat uns nun das Jugendamt gefragt, ob wir noch einmal ein Mädchen aufnehmen könnten, für ein paar Wochen, vielleicht auch für ein paar Monate.«

»Wir haben gesagt, wir würden es gern tun«, ergänzt der Vater, »aber wir wollten erst mit euch darüber sprechen. Das Mädchen müsste wieder mit Sara das Zimmer teilen.«

»Wie heißt sie denn?«, fragt Sara.

Die Mutter holt Luft, um zu antworten, spricht dann aber doch nicht gleich. »Es hört sich seltsam an, aber es stimmt: Niemand weiß, wie das Mädchen heißt. Es spricht nicht. Sie haben es im Stadtpark gefunden, völlig verstört. Es hat die ganze Zeit noch kein Wort gesprochen.«

»Wahrscheinlich hat sie irgend etwas Schreckliches erlebt«, meint der Vater. »Das vermutet jedenfalls die Psychologin. Das ist so eine Art Ärztin, die sich mit solchen Schwierigkeiten auskennt. Und hier wird es nun wichtig für euch: Ihr sollt nämlich mit ihr spielen und versuchen, sie einfach lieb zu haben. Aber ihr dürft sie nicht fragen: Warum redest du denn nicht? Oder sogar: Erzähl uns mal, was du erlebt hast! Einfach lieb haben sollt ihr sie. Traut ihr euch das zu?«

Die drei nicken vorsichtig. So ganz sicher sind sie sich nicht. Lennard meint: »Aber wenn sie böse ist – was machen wir denn dann mit ihr?«

»Dann wollen wir versuchen, trotzdem lieb zu ihr zu sein«, sagt die Mutter. »Wir selbst haben schon so viel Liebe erfahren, da können wir es mal wegstecken, wenn jemand uns ärgert. Vor allem, wo wir ja wissen, dass das Mädchen sicher nichts dazu kann.«

»Richtig böse ist es sicher nicht«, meint der Vater. »Und wenn wir gar nicht mit ihr zurechtkommen, werden sich die Leute vom Jugendamt etwas anderes für sie überlegen. Aber das wäre schade. Die Psychologin meint, hier ginge es mit ihr sicher besser als im Kinderheim.«

»Wie sollen wir sie denn nennen, wenn wir nicht wissen, wie sie heißt?«, fragt Melissa.

»Ja ... das weiß ich auch nicht«, antwortet der Vater. »Da ist so vieles, was ich noch nicht weiß. Ich hoffe, dass wir nicht allzu viele Fehler machen. Wir wollen Gott darum bitten. Er hat uns diese Aufgabe gegeben, er wird uns auch helfen.«

»Und für das Mädchen wollen wir auch schon beten«, schlägt die Mutter vor, »obwohl wir es noch gar nicht kennen.« Und das tun sie dann auch.

Es ist wieder Montag. Sara sitzt in ihrem Zimmer auf dem Fußboden. Das fremde Mädchen sitzt neben ihr und schaut stumm zu, wie Sara ihrer Puppe ein anderes Kleid anzieht.

»Halte meine Josefine doch mal, bis ich ihr Bettchen gemacht habe!«, bittet Sara und gibt die Puppe behutsam weiter. Aber das Mädchen fasst sie nur an einem Arm.

»Aber Schwester!«, ruft Sara. »So darf man doch

kein Baby halten! Das tut ihm weh! Komm, ich zeig's dir.« Sie nimmt die Puppe zurück, legt sie in ihren Arm und drückt sie an sich.

Das Mädchen lächelt zaghaft. Dann streckt es die Arme aus. Sara gibt ihr die Puppe wieder. Das Mädchen drückt sie an sich, so wie Sara es vorgemacht hat. Ein bisschen ungeschickt noch, aber schon viel behutsamer. Ihr Lächeln sieht jetzt richtig froh aus.

»Hast du Schwester zu ihr gesagt?«, fragt die Mutter. Sie hat in der Tür gestanden, ohne dass die beiden sie bemerkt haben.

»Ja«, antwortet Sara. »Weil ich doch nicht weiß, wie sie heißt. Und sie ist doch jetzt meine Schwester.«

»Das ist gut!«, nickt die Mutter. »Ich bin gekommen, um euch zu fragen, ob ihr ein bisschen Saft trinken wollt.«

»Ja, gern!«, ruft Sara. Sie will nur noch das Puppenbettchen fertig machen.

Das fremde Mädchen legt die Puppe vorsichtig auf den Boden, springt auf und ist noch vor Sara in der Küche.

Es ist wieder Montag. Die Mutter hat eine Geschichte vorgelesen. Jetzt klappt sie das Buch zu. Die beiden Mädchen liegen im Bett.

Die Mutter setzt sich bei dem fremden Mädchen auf die Bettkante, streichelt seine Wange und sagt: »Schlaf gut, meine kleine ... ach, ... bist du einverstanden, dass ich Sara erzähle, was die Psychologin heute nachmittag gesagt hat?« Das Mädchen nickt.

Die Mutter wendet sich an Sara. »Deine neue Schwester heißt Anna. Das haben die Leute vom Jugendamt herausgekriegt. Nun kannst du sie wenigstens mit ihrem richtigen Namen ansprechen.«

Da richtet sich Anna auf und sagt ganz leise: »Du kannst... du kannst aber ruhig Schwester zu mir sagen.«

»Ist gut, Schwester«, antwortet Sara. »Ich finde es toll, dass du jetzt mit mir sprichst. Da können wir doch viel besser zusammen spielen.«

Die Mutter drückt erst der kleinen Anna einen Kuss auf die Backe, und dann ihrer Tochter. »Schlaft gut!«, sagt sie und verlässt das Zimmer.

Aber als sie nach einiger Zeit nochmal an der Tür vorbeikommt, hört sie, dass die beiden da drin sich leise unterhalten. Verstehen kann sie nichts.

Noch einmal ist es Montag. Die Psychologin vom Jugendamt steht mit der Mutter am Fenster. Beide beobachten, wie Melissa, Sara und Anna im Garten spielen.

»Dass Liebe viel bewirken kann, weiß wohl jeder«, sagt die Frau vom Jugendamt gerade. »Aber nicht jeder kann sie aufbringen.«

»Wir auch nicht«, sagt die Mutter und zögert dann etwas, bevor sie weiterspricht. »Eigentlich jedenfalls nicht.«

Die Psychologin schaut sie fragend an.

Die Mutter wendet ihr das Gesicht zu. »Wir können auch nur Liebe weitergeben, wenn wir zuerst selbst Liebe empfangen haben. Aber Gottes Liebe ist ja so groß ...«

»Sie meinen, die reicht für alle, auch wenn ein Kind mehr in der Familie ist?«, fragt die Psychologin.

»Ja, so ungefähr.«

Beide schauen eine Weile schweigend zum Fenster hinaus.

»Ob es nun Gottes Liebe ist oder irgendetwas anderes, ich weiß nur, dass Anna in ihrer Familie richtig auflebt. Schauen Sie sich an, wie die drei spielen! Hätten Sie das vor ein paar Wochen gedacht?«

Die Mutter schüttelt den Kopf. Aber sagen kann sie vor Freude und Dankbarkeit jetzt gar nichts.

Das Baumhaus

Da steht er wieder! Timo ist hinter der Hecke in Deckung gegangen. Aber sein Kopf ist zu sehen, und auch die Hinterräder seines Rollstuhls werden von der Hecke nicht ganz verdeckt. Christian ärgert sich. Dass der immer da steht mit seinem Rollstuhl und hier raufguckt! Er soll mich in Ruhe lassen in meinem Baumhaus! Man guckt ja auch nicht durch ein Fenster dauernd bei fremden Leuten in die Wohnung! Und das hier oben ist meine Wohnung!

Da fällt Christian plötzlich etwas ein. In der Jungschar haben sie davon gesprochen, dass man anderen Menschen Gutes tun soll. »Was denn zum Beispiel?«, hat Christian da gefragt, und Volker hat dann lange rumgeredet, anscheinend fiel ihm nichts ein. Der Mutter abtrocknen helfen – macht er sowieso schon. Einen Blinden über die Straße führen – es gibt in ihrem ganzen Dorf keinen Blinden. Einer alten Frau die Tasche tragen – die alten Frauen lassen sich ihre Sachen alle von ihren Verwandten aus dem Supermarkt mitbringen.

Aber hier ist einer, der Hilfe braucht. Bestimmt. Auf einmal ärgert sich Christian nicht mehr. Im Gegenteil, er freut sich. Im Nu klettert er herunter und läuft zur Straße. Aber als er näher zu Timo kommt, geht er doch etwas langsamer. Schließlich steht er vor ihm.

»Hallo!«

»Hallo! Ich heiße Timo.«

»Ich weiß, ihr wohnt seit ein paar Tagen hier.«

»Seit ein paar Wochen.«

Dann ist das Gespräch erst einmal zu Ende. Nach einer Weile fällt Christian noch etwas ein, was er sagen könnte.

»Ich heiße Christian.«

»Ich weiß.«

»Ich wohne da.«

Timo grinst. »Ich dachte schon, du wohnst in dem Baumhaus.«

Jetzt grinst Christian auch. »Tue ich auch. Es ist toll da oben. Ich kann ganz weit übers Dorf gucken.«

Timo sieht ziemlich traurig aus. »Mit dem Ding da« – er zeigt auf den Rollstuhl – »kann ich leider nicht auf Bäume klettern.«

Wieder schweigen beide eine Weile.

»Du, da hab ich eine Idee!«, ruft Christian plötzlich. Er ist selbst ganz begeistert. »Eine tolle Idee! Ich bringe dich da rauf in mein Baumhaus. Soll ich?«

»Quatsch! Wie willst du denn das machen?«

»Mit einem Flaschenzug! Mein Vater hat einen. Ich weiß, wie man das macht. Wir haben damit die

Schubkarre voll Beton den steilen Hang raufgezogen, als mein Vater das Fundament für unser Gartenhäuschen gemacht hat.«

»Ehrlich?«

»Bestimmt! Das funktioniert! Ich muss nur den Flaschenzug oben an dem dicken Ast befestigen, über dem Baumhaus. An dem Seil machen wir ein Brett fest. Du kannst dich doch auf ein Brett setzen?«

»Na klar! Ich kann nur nicht gehen.«

»Prima! Und dann ziehe ich dich hoch!«

Timo macht zwar kein besonders begeistertes Gesicht, aber Christian fragt gar nicht lange. Er schiebt den Nachbarjungen in ihren Garten, direkt unter den großen Baum. Die letzten fünf Meter muss er kräftig schieben, weil es bergauf geht, aber Timo hilft mit.

»So, einen kleinen Moment!«

Wie der Blitz ist Christian im Keller verschwunden, um schon bald darauf mit allerlei Stricken und Gerät wieder bei Timo zu sein. Der guckt bewundernd zu, wie Christian auf den Baum klettert und den Flaschenzug mit einer Wäscheleine an einem dicken Ast über dem Baumhaus befestigt. Er rutscht und springt mehr, als dass er klettert.

»So, das hält!«, sagt Christian schließlich und hängt sich mit seinem ganzen Gewicht an die Seile.

»Jetzt müssten wir ein Brett haben«, murmelt er,

sieht sich um und kratzt sich hinter dem Ohr. »Und wenn wir einfach den ganzen Rollstuhl dranhängen, meinst du, das geht?«

»Hm. Das ist bestimmt zu schwierig. Der muss ja gerade hängen.«

»Ich hab eine Idee«, sagt Timo, der langsam von Christians Begeisterung angesteckt wird. »Bei uns im Garten ist eine Schaukel. Für meine kleine Schwester. Das Brett von der Schaukel lässt sich ganz leicht abmachen. Man muss nur die dicken Knoten lösen. Komm mit!«

Nun müssen sie wieder zurück. Timo weiß einen Weg, wie sie in den Garten kommen, ohne durchs Haus zu müssen, Aber so leicht ist es gar nicht, die Knoten zu lösen. Erst als Timo einen Schraubenzieher von der Terrasse holt, gelingt es schließlich. Mit dem Schaukelsitz auf Timos Schoß kommen sie wieder unter Christians Baumhaus an. Gemeinsam knoten sie an den Stricken herum. So müsste es gehen! Timo stemmt sich mit den Armen hoch und lässt sich auf das Brett fallen. Christian ordnet die Seile und beginnt zu ziehen. Es funktioniert! Die Stricke straffen sich, und der Sitz hebt Timo langsam in die Höhe. Aber er hängt schief.

»Du, das geht nicht! Halt an, Christian, ich rutsche!«

»Das eine Seil hängt hier fest. Moment!«

Christian zieht an einem der Stricke und denkt nicht daran, dass er sein Zugseil dabei nicht loslassen darf. Es schnurrt über die Rollen, und Timo fällt heftig auf den Boden.

»Au!«

Der Schrei lässt Christians Mutter in der Küche aufschrecken. Sie guckt erst am Fenster und kommt dann schnell aus dem Haus gerannt.

»Was macht ihr denn da?«

»Nichts ... nichts Schlimmes jedenfalls«, sagt Timo. »Ich hab nur einen Schreck gekriegt.«

»Ich wollte Timo da raufziehen«, erklärt Christian. »Er sollte auch mal in mein Baumhaus.«

»Aber Christian! Das kannst du doch nicht machen! Der Junge hätte doch vom Baum stürzen können! Das Genick hätte er sich brechen können! Wenn man nicht dauernd aufpasst ...«

Erst jetzt fällt der Mutter ein, dass sie ja mit dem fremden Jungen noch kein Wort geredet hat. »Ich bin Christians Mutter«, sagt sie. »Und du gehörst wohl zu der Familie, die vor Kurzem da drüben eingezogen ist?«

»Ja«, gibt Timo zur Antwort. »Ich heiße Timo.«

»Christian, kannst du mir mal wieder in meinen Rollstuhl helfen?«

Gemeinsam heben sie Timo auf. »So«, sagt streng Christians Mutter. »Am besten bringst du jetzt Timo nach Hause. Ehe dir noch weitere Dummheiten einfallen, kannst du mir helfen, den Abendbrottisch zu decken.«

Christian liegt im Bett und grübelt. Warum ist nur alles so schief gelaufen? Er wollte doch Timo etwas Gutes tun. So wie Volker es in der Jungschar gesagt hatte. Und außerdem ist Timo ganz in Ordnung. Sie hätten sicher viel Spaß gehabt in seinem Baumhaus. Und nun wäre beinahe ein Unglück passiert, nur weil er sich so dumm angestellt hat! Mama hat geschimpft, und Papa hat ihr auch noch Recht gegeben, als er von der Arbeit nach Hause kam. Jetzt sind beide drüben bei Timos Eltern. Sie wollen sich entschuldigen und sich den neuen Nachbarn mal vorstellen.

Christian hört, wie die Haustür aufgeschlossen wird. Seine Eltern kommen. Er steht auf und geht blinzelnd in den hellen Flur.

»Du schläfst ja noch nicht!«

»Ich konnte nicht einschlafen. Wie war's denn?«

»Komm, ins Bett mit dir!«, sagt sein Vater. »Wir ziehen uns nur eben die Jacken aus, dann kommen wir schnell noch mal zu dir herein.«

Christian legt sich wieder hin, und kurz darauf setzt

sich seine Mutter auf den Bettrand. »Sie waren gar nicht ärgerlich«, berichtet sie. »Im Gegenteil, sie freuen sich, dass du etwas für Timo tun wolltest. Weißt du, er hat sonst keine Freunde. Sie wohnen ja noch nicht lange hier, und außerdem wollen viele Jungen nicht gern einen Rollstuhlfahrer zum Freund haben.«

»Weil der natürlich nicht Fußball spielen kann und so«, ergänzt der Vater, der gerade zur Tür hereinkommt. »Deshalb ist Timo ziemlich traurig, und seine Eltern auch. Wo sie vorher gewohnt haben, hatte er nämlich auch keinen richtigen Freund. Deshalb freut er sich bestimmt sehr, wenn du ab und zu etwas mit ihm gemeinsam machst, Christian.«

»Aber nicht auf dem Baum!«, sagt die Mutter sofort.

»Nun ja –«, meint Christians Vater gedehnt, »vielleicht auch auf dem Baum.«

»Ach, Jürgen!«, stöhnt die Mutter. »Willst du wirklich ...«

»Warum nicht?« Der Vater setzt sich jetzt auf Christians Bett. »Weißt du, Christian, Timos Vater ist Elektriker, und ich bastel und tüftel doch auch gern ein bisschen herum ... also, wir dachten, wir beide könnten zusammen eine Vorrichtung bauen, mit der Timo in dein Baumhaus gezogen werden kann.«

»Wirklich? Toll, Papa!« Christian sitzt kerzengerade im Bett.

»Es muss natürlich absolut sicher sein, dass nichts passieren kann. Ein Elektromotor könnte das Ganze antreiben. Timos Vater besitzt einiges an Material, und was fehlt, besorgt er noch. Am Samstag treffen wir uns.«

Die Mutter schmunzelt. »Die zwei! Du hättest sie sehen sollen! Wie die Zehnjährigen haben sie zusammengehockt und Pläne gemacht.«

»Kann ich am Samstag mithelfen, Papa?«, fragt Christian und steigt vor Begeisterung fast schon aus dem Bett.

»Na klar! Du musst doch die Anlage von Grund auf kennen, damit du sie richtig bedienen kannst.«

An diesem Abend ist Christian so aufgeregt, dass er lange nicht einschlafen kann.

Der Sommer geht zu Ende. Die Buche mit dem Baumhaus verliert schon die ersten Blätter.

Die beiden Mütter stehen auf der Wiese und rufen: »He, ihr zwei! Kommt runter! Es gibt Essen!«

»Ja, wir kommen!«

Mit leisem Summen schwebt Timo herunter.

»Habt ihr meinen Rollstuhl verschoben?«, fragt er vorwurfsvoll.

»Ach so, du lässt dich wohl direkt da rein«, sagt seine Mutter und schiebt den Rollstuhl zurecht. Dann senkt sich ihr Sohn genau auf den Sitz. Christian ist inzwischen heruntergeklettert.

»Was habt ihr denn gemacht?«, fragt Christians Mutter,

»Erst Schach gespielt. Timo hat's mir beigebracht. Einmal hab ich schon unentschieden gespielt.«

»Das heißt Remis«, verbessert Timo. »Unentschieden heißt es beim Fußball. Und dann hat Christian erzählt, was er gerade liest. Aber nur den Anfang. Die Geschichte ist nämlich spannend, und ich will nicht wissen, wie sie ausgeht. Wenn er fertig ist, leiht er mir das Buch.«

»Sagt mal«, fängt Timos Mutter etwas zögernd an. »Wir beide haben gerade etwas besprochen, und vielleicht findet ihr ja auch, dass es eine gute Idee ist ...«

»Was denn, sag doch!«, drängt Timo.

»Also, wir fahren ja im Sommer immer in unser Ferienhäuschen nach Dänemark. Und weil ihr doch jetzt so gute Freunde seid, haben wir gedacht: Vielleicht möchte Christian Timo ja mal begleiten. Wir laden dich also ein mitzukommen, Christian!«

»Wirklich? Na klar komme ich mit!«

Timo sieht Christian glücklich an, dann stemmt

er sich hoch und fällt seiner Mutter mit einem Freudenschrei um den Hals. Die ist darauf nicht vorbereitet und kann Timo nicht halten. Er sackt in den Rollstuhl zurück, und seine Mutter fällt fast über ihn. Alle vier lachen.

»Da haben unsere Ingenieure mit vereinten Kräften so einen sicheren Aufzug gebastelt, und jetzt passieren die Unfälle am Boden!«

Der Aufsatz

Das hat es noch nie gegeben, solange Jannik sich zurückerinnern kann: Den ganzen Nachmittag hat sein Vater mit ihm gespielt. Erst Fußball, dann Federball, und dann sind sie durch den ganzen Bauernhof gestreift, haben in die Ställe und Scheunen geguckt, haben die neugeborenen Kälbchen gestreichelt und sind auf den großen Mähdrescher geklettert. Den ganzen Nachmittag! Dabei hat sein Vater sonst, wenn er abends von der Arbeit kommt, höchstens mal drei Minuten für ihn übrig. Aber hier, während der Ferien auf dem Bauernhof, ist nun alles ganz anders.

Der Vater hat den Bauern gefragt, ob sie oben in der Scheune im Heu liegen dürfen, und der hat es erlaubt. Nun springt Jannik in einem weiten Satz von der Leiter in das weiche Heu, und sein Vater springt ihm nach.

Auf einmal ist es da, dieses ganz besondere Gefühl. Freude ist es, Glück, tiefe Zufriedenheit. Aber irgendwie auch noch etwas anderes. Er weiß nicht, wie er es nennen soll. Alle Worte scheinen ihm viel zu gewöhnlich, um das Ungewöhnliche zu beschreiben. Zufrieden war Jannik ja schon oft, und glücklich auch. Aber ob er schon einmal so ein Gefühl hatte wie jetzt

gerade? – So müsste es immer sein, kann er nur denken. Diese Augenblicke dürften nie aufhören.

Jannik schmiegt sich an seinen Vater.

»Gefällt's dir hier?«, fragt der. Jannik nickt nur. Er kann gar nichts sagen. Irgendwie schnürt ihm das Glück die Kehle zu. Was soll er auch sagen? Ja, es gefällt mir? Das wäre viel zu schwach.

Der Vater holt zwei große Äpfel aus der Hosentasche, beißt in einen und gibt Jannik den anderen. Er schmeckt wunderbar, leicht säuerlich und herrlich erfrischend.

Das große Fenster zum Hof steht offen. »Früher wurde das Heu hier heraufgehoben«, erklärt Vater. »Jetzt macht man das mit einem Gebläse. Das dicke Blechrohr da drüben dient dazu. Siehst du's?«

Jannik nickt wieder nur. Immer noch ist dieses unbeschreibliche Gefühl in ihm.

Er sieht unten im Hof seine Mutter. Sie beugt sich über den Kinderwagen mit dem Baby, seine kleine Schwester steht daneben. Weiter drüben spritzt die Bäuerin mit einem starken Wasserstrahl den Dreck von den riesigen Rädern des Traktors, die aber von hier oben gar nicht so riesig aussehen.

Der Vater steckt zwei Finger in der Mund und pfeift laut. Die Mutter und die Schwester blicken sich suchend um. Es dauert eine Weile, bis sie das Fenster mit den beiden entdeckt haben. Jannik winkt. Die Mutter legt die Hände als Trichter vor den Mund und ruft: »Fallt nicht da runter, ihr zwei!«

Natürlich nicht – obwohl Jannik ein Gefühl hat, als würde er gar nicht nach unten fallen, wenn er sich jetzt vom Fensterrand abstieße, sondern schweben, leicht davon segeln.

Während Jannik sich nach vom beugt, hält sein Vater ihn mit seinen großen Händen an der Hüfte fest. Er könnte sich ruhig noch mehr vorbeugen, Vater würde ihn halten.

»Sieh mal, wir haben Besuch!«, sagt jetzt der Vater und zieht Jannik zurück. Er schaut sich um: Drei kleine Kätzchen spielen vor ihm im Heu, vielleicht drei oder vier Wochen alt. Wie süß sie aussehen, wenn sie sich tollpatschig zu jagen versuchen! Ein weißes mit schwarzen Flecken, ein schwarzes mit weißen Flecken und ein graues, das nur ein weißes Näschen hat. Das weiße Kätzchen kommt neugierig heran. Als Jannik vorsichtig die Hand ausstreckt, lässt es sich streicheln und kraulen. Dabei schnurrt es zufrieden, so laut, als müßte es für Jannik gleich mit schnurren, weil der es nicht kann und sich doch auch so zufrieden fühlt. Wenn er nur sagen könnte, wie schön es hier ist! Aber so kann er nur seinen Vater anstrahlen, mit der linken Hand das Kätzchen kraulen und mit der rechten den Apfel halten, an dem er noch isst. Sein Vater versteht ihn aber auch ohne Worte und strahlt zurück.

Die Ferien sind vorbei. Auf dem Schulweg trifft Jannik Lukas.

»Hallo, Luki!«, ruft er.

»Hallo, Jannik! Du, ich muss dir was ganz Tolles erzählen. Ich war mit unsrer Jungschar im Zeltlager im Odenwald, Und da hab ich Jesus kennengelernt.«

»Jesus?«, fragt Jannik erstaunt. »Aber der ist doch schon lange tot!«

»Na ja, er ist damals am Kreuz gestorben«, gibt Lukas zu, »aber er ist wieder lebendig geworden. Ich weiß es genau, denn er ist in mein Herz gekommen. Du, ich bin total happy!«

Jannik winkt zu Florian hinüber der auf der anderen Straßenseite ebenfalls der Schule entgegen trottet.

»Hörst du mir überhaupt zu, Jannik?«

»Äh, ja, ja, natürlich.«

Lukas erzählt begeistert weiter: »Ganz anders als vor den Ferien fühl ich mich!«

»Aha.«

Jannik merkt, dass Lukas ein bisschen enttäuscht ist. Er hat anscheinend erwartet, dass Jannik: »Oh, toll! Wahnsinn! Spitze!«, ruft oder sowas. Aber Jannik weiß nicht, was daran so toll sein soll. Jesus kennengelernt – na und?

Frau Bronnenmaier lässt die Schüler in der Deutschstunde einen Aufsatz schreiben: »Mein schönstes Ferienerlebnis«.

Jannik weiß sofort, was er schreiben will. Natürlich etwas von den Ferien auf dem Bauernhof, und zwar, wie er mit seinem Vater auf dem Heuboden war. Dieses Glück – das war das Schönste, an das er sich überhaupt erinnern kann, nicht nur in den Ferien. Jannik beginnt zu schreiben:

»Mein schönstes Ferienerlebnis!

Ich war mit meinen Eltern und meinen Schwestern in den Ferien auf einem Bauernhof. Es war sehr schön. Einmal ist mein Vater mit mir auf dem Heuboden gewesen. Wir konnten alles von da gut beobachten. Wir haben auch einen Apfel gegessen und mit kleinen Kätzchen gespielt. Das war mein schönstes Ferienerlebnis.«

Als einer der Ersten gibt Jannik seinen Aufsatz ab. Nach und nach bringen auch alle anderen Schüler ihre Hefte nach vorne. Frau Bronnenmaier liest die Aufsätze.

Als Lukas auf seinen Platz zurückgeht und bei

Jannik vorbeikommt, flüstert er: »Ich hab vom Zeltlager geschrieben, und dass ich Jesus kennengelernt habe.«

Jannik nickt, um Lukas nicht zu ärgern, aber als er weg ist, schnaubt er verächtlich. Was soll denn an so was schön sein?

Er wird aus seinen Gedanken aufgeschreckt, als Frau Bronnenmaier vor ihm steht. »Na, Jannik, deine Ferien waren wohl nicht besonders?«

»Wieso? Ganz toll waren sie!«

Frau Bronnenmaier schmunzelt ein bisschen. »Wirklich? Hm. Ich dachte nur – wenn das, was du hier beschrieben hast, das Schönste an den Ferien war – Apfel, Katzen und ein Heuboden ... Hättest du das nicht – wie soll ich sagen –, hättest du das nicht so schildern können, dass ich, wenn ich's lese, es auch schön finde? Dass ich sage: So was Schönes möchte ich auch mal erleben! Aber so wirkt es eher langweilig.«

Sie sagt noch mehr, aber Jannik hört nicht mehr richtig zu. Er ist wie vor den Kopf geschlagen. Dieses wunderschöne Erlebnis, und Frau Bronnenmaier findet es langweilig!

In der Pause steht auf einmal wieder Lukas neben ihm. »Die hat ja keine Ahnung!«, schimpft er, mehr zu sich selbst als zu Jannik. »Sie findet mein Ferienerlebnis nicht besonders.«

»Meins auch nicht«, brummt Jannik.

Da mischt sich Florian ein. »Stimmt doch gar nicht! Ihr habt nicht richtig zugehört! Sie hat gar nichts Schlechtes über eure Erlebnisse gesagt. Sie hat nur gesagt, ihr habt sie schlecht beschrieben.«

»Es ist eben schwer, so was zu beschreiben!«, verteidigt sich Jannik, und Lukas ergänzt: »Was ich erlebt habe, könntest du mit deiner Eins in Deutsch auch nicht besser beschreiben. Aber es war trotzdem sehr schön. Und ist es immer noch.«

Jannik fühlt sich plötzlich mit Lukas verbunden. Der hat ja das gleiche Problem: Er hat etwas Wunderschönes erlebt und kann es nicht so ausdrücken, dass andere es verstehen.

Während Florian weggeht, schießt Jannik ein Gedanke durch den Kopf: Wenn Frau Bronnenmaier sein Erlebnis vom Bauernhof langweilig findet, das ihn doch so froh gemacht hat – vielleicht steckt ja hinter den merkwürdigen Sätzen von Lukas auch so ein tolles Erlebnis? Vielleicht war es sogar noch großartiger als sein eigenes? Schließlich hat Lukas schon auf dem Schulweg begeistert davon angefangen! Es hörte sich halt nur so komisch an ...

»Du, Luki!«, ruft Jannik auf dem Nachhauseweg und rennt ein paar Schritte, um seinen Klassenkameraden einzuholen. »Das mit dem Zeltlager und Jesus und so, kannst du mir das mal richtig erzählen, alles von Anfang an?«

»Klar«, sagt Lukas, und Jannik merkt, dass er sich freut.

»Also, in der zweiten Ferienwoche, da hat mich mein Vater ...« Lukas erzählt und erzählt. Selbst an der Kreuzung, an der die beiden Jungen sich trennen müssen, ist Lukas mit seiner Geschichte noch nicht fertig.

Aber Jannik hat auch so schon gemerkt, dass man das, was am allerwichtigsten ist, in einem Aufsatz gar nicht schreiben kann.

Anke Hillebrenner

Das Geheimnis von Schloss Morillion

Ein Abenteuer
mit den Rothstein-Kids

Die Rothstein-Kids verbringen mit ihren Eltern sechs Wochen auf einem Schloss in Frankreich. Während ihr Vater sich auf seine Forschungsarbeit konzentriert, erkunden die drei Geschwister ihre Umgebung und wittern bald, dass etwas nicht mit rechten Dingen zugeht. Ein spannendes Buch, bei dem man nebenbei auch etwas über Martin Luther und die Reformation lernt.

Taschenbuch, 144 Seiten
Best.-Nr. 273.943
ISBN 978-3-89436-943-9
EUR (D) 5,90 | EUR (A) 6,10 | SFR 8,90

Anke Hillebrenner

Das Geheimnis der rätselhaften Briefe

Ein Abenteuer
mit den Rothstein-Kids

Ein neues Abenteuer für die Rothstein-Kids! Dieses Mal verreisen die Rothstein-Kids ohne ihre Eltern nach England. Dort erhalten sie geheimnisvolle Briefe, die sie an die verschiedensten Londoner Attraktionen führen.

Mit Informationen zum Leben von Florence Nightingale.

Taschenbuch, 160 Seiten
Best.-Nr. 273.997
ISBN 978-3-89436-997-2
EUR (D) 6,90 | EUR (A) 7,10 | SFR 10,50

Anke Hillebrenner

Das Geheimnis des schwarzen Falken

Ein Abenteuer
mit den Rothstein-Kids

Die Rothsteins machen Urlaub in Halle an der Saale. Vater Johannes will dort Recherchen über August Hermann Francke anstellen. Doch kurz nach ihrer Ankunft wird in ihrem Hotel wertvoller Schmuck gestohlen.

Vater Rothstein gerät unter dringenden Tatverdacht und wird verhaftet. Fieberhaft beginnen die Kinder mit der Suche nach dem wahren Täter. Dabei stoßen sie auf rätselhafte Dinge. Ein gefährlicher Wettlauf gegen die Zeit beginnt ...

Mit Informationen zum Leben von A. H. Francke.

Taschenbuch, 160 Seiten
Best.-Nr. 271.132
ISBN 978-3-86353-132-4
EUR (D) 6,90 | EUR (A) 7,10 | SFR 10,50